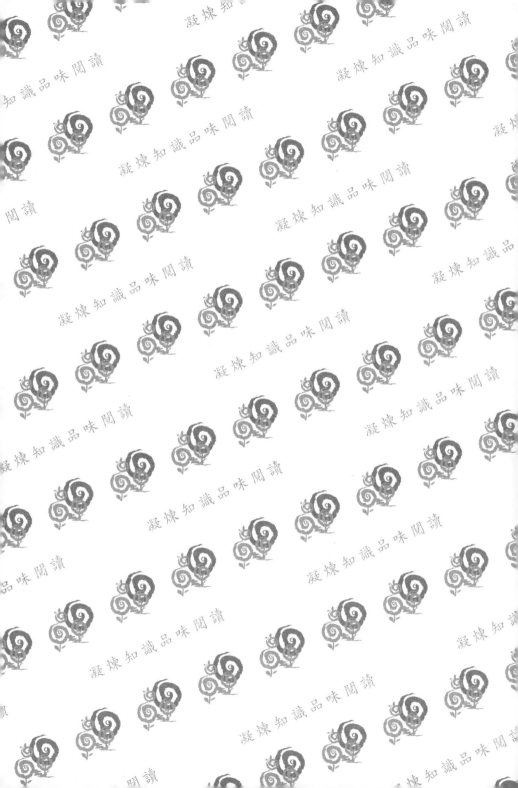

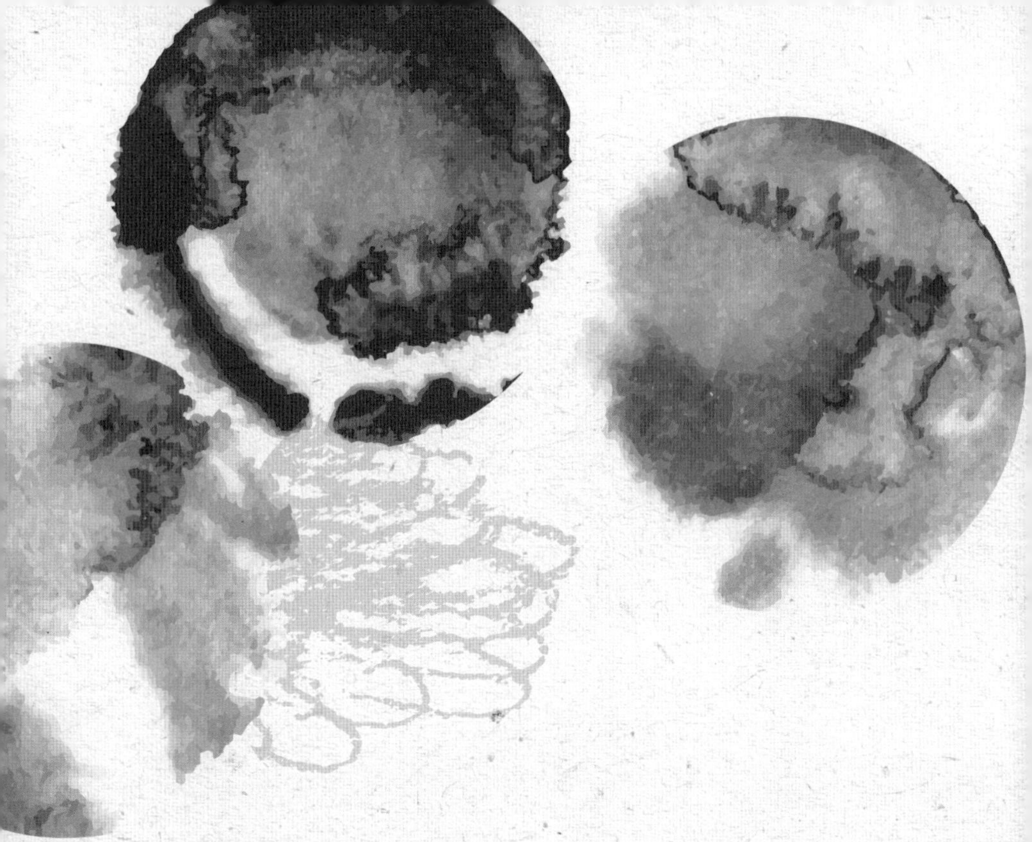

跨領域的道家哲學

葉海煙——著

五南圖書出版公司 印行

自序

人類思想始終流動不已，而其中沉沉浮浮的觀念則時刻跳躍不定；所謂的「理論」則恍似跑動不休的脫韁之馬難以駕馭，難以用邏輯性思考與封閉性系統予以轄制。

顯然，在昔日人文與自然之間依然混沌不清的時候，「人」的出現是件歷史大事，而一個人之自知自覺爲一個人，則已然值得大書特書，因爲由「人」而有「人性」、「人道」，以迄「人文」之發展歷程，實悠遠而弘大，其中的蘊藏更是豐富無比，幽深莫測，終究難以單一之義限定之，也很難把它刻鏤在思想、觀念與理論系統所交錯而成的心版之上。

如今，我們總是慶幸自己可以終日遊走在理性與智性所鋪展成的生活平臺上，卻忘了在人文初生之際，我們的祖宗們是如何艱辛地脫去那一襲自然的胎衣，而緩緩慢慢地現出原形原狀——是人的原形，是生的原貌，是人之所以爲人的本根。

不過，也有人不太在意自己，也不怎麼關心自己，特別是那些一頭栽入世俗之中而熱中算計之人，往往在坐享人文豐郁之餘，竟忘了還本溯源，追根究柢，而竟在一堆堆數字裡打滾，一方面得意於現代技術的操作而終被名利所驅使，一方面則耽於種種工具的玩弄，而終爲形形色色的媒介所戲耍所擺布。

其實，我們不該滿足於現狀，且當如那些憤世之徒，鼓起勇氣並立定腳根，一方面回顧過往，一方面展望未來，在面對世界的同時擁抱自己。如此一來，我們便有機會細細地品味千年之前人文思想的底蘊，尤其是那些雙腳跨領域、兩眼觀天地的哲人，實在值得我們景仰，而他們的思想積累與心智成果，更是值得我們一探究竟。

因此，作爲一個始終徜徉於古今對映、東西交接，以至於心腦並用、言默共存而試圖調解內在世界與外在世界的人文觀察者，筆者之所以完成這本不能算是長篇大論的小書，便是爲了揮灑個人的學術關懷與愛智之情，而試圖在對比、參照與重構的思路引領之下，一方面經由文本詮釋，全幅展露道家作爲一人文思想大系所拓開的觀念世界；另一方面，則經由跨界思考，來理解老子與莊子及後繼者所以能夠在「道思想」、「道文化」、「道世界」的廣袤之中，活出屬人、屬地又不背離自然的生命意義與生活趣味的緣由。

本書冠名「跨領域的道家哲學」，便是爲了突出道家哲學本就具有的「跨領域」的思想特性與人文視角。首先，「跨領域」（跨域）本就有三個層次的展開：一、跨觀念系脈的分界。二、跨學術流派的藩籬。三、跨文化範疇的制限。首先，作爲道家哲學本原的一些概念，如「道」概念便有其「跨域」而不受限制的意義屬性。莊子言：「道未始有封，言未始有常。」（《莊子・齊物論》）即明白表示「道」作爲道家哲學最核心的觀念，它的意涵實無法被任意地畫定，也無法一味地被析解，而其延展的範圍更無法被局限。同樣地，我們也應提防個人的言說因尋常的「定義」思考，而落入無謂的是非與對錯。因此，莊子接著斷言：「大道不稱，大辯不言。」（《莊子・齊物論》）由此看來，「道」意義之跨域、超限而終不落言詮之陷阱，顯然已無庸置疑。

　　此外，在兩千多年前的文明啟蒙、心靈除魅的時代，「神」概念的跨界與跨域自始便例證確鑿，《易經・繫辭上》云：「陰陽不測之謂神。」便已然取消「神」的位格義與超越義；而老子言：「以道蒞天下，其鬼不神。非其鬼不神，其神不傷人。非其神不傷人，聖人亦不傷人。」（《老子・第六十章》）如此地由道而鬼神，由鬼神而聖人，顯然已將鬼神放在道與人之間的中介之位。莊子則認爲「道」能「神鬼神帝，生天生地」（《莊子・大宗師》），「神」竟轉爲動作之詞、描述之語，沒有任何的實體性。由此看來，「神」意義的多方轉折，正顯示在人文當道而昌旺繁盛之際，舊有的觀念都可能因爲跨界、跨域而出現全然新穎的意義。至於道家思想之跨越學術流派的藩籬，則始自先秦晚期，或出現道、法合流，或衍生道家、名家與陰陽家相互唱和、彼此交融，而終有了秦、漢道家如《淮南子》的出現，以至於魏晉道家的推陳出新，終在「三玄」（《老子》、《莊子》、《易經》）領銜之下，出現前所未見的王弼解老與郭象解莊的道家型態的形上學，並且在「道」思想的人文領域裡，繼續擴展出嶄新的實踐取向與應用路徑，而有了保生、養生與長生不老的哲學想像、心靈解放以及生命境界之展拓，其中，跨學派的例證更是所在多有。

如今，當代道家研究更已然經由跨觀念、跨學派、跨文化的哲學思考，獲得跨域與超限的理論力道，而在學術分科與理論分系的態勢中昂首前行。如借詮釋學與現象學的方法資助，讓道家哲學有了新義；又如摻入溝通倫理、境遇倫理與對話倫理，使道家的人文性格更加突出；至於援引身體觀與現代美學的思維模式，以豁顯道家內蘊的生命信息，也同樣得到學界的關注與青睞。

既然認定道家哲學在本原的思想生發過程中，已然有了跨領域的觀念向度，於是筆者從人文、倫理、言說、生命、形上、應用與現代等論域及視角，展開對道家哲學的通貫、多元、開放而具有整合性、根本性與脈絡性的探討。其中，章節之間所迤邐開來的文字，看似各自獨立成篇，然因筆者自有個人之學術論見，特別是近五、六年來，在原有的研究基礎之上，又有了一些心得，乃著意於道家的人文性格與道家哲學的倫理關懷，以及其所推擴出來的文化救治與心靈療癒之道，其中所顯發的文化覺識與哲學慧識，以至於由此所畜養、所孕育的主體自由，則更蘊含無比豐富且活躍不已的現代性與未來性，著實彌足珍貴。

就道家經典的文本考察，筆者特別關切《莊子》一書的內容，以及莊子善說故事的天縱之才所流露的精彩。因此，特別在作爲道家哲學本原的觀念——從「道」的意理幅度展開，乃有對「陰陽」觀念與「神」觀念的轉化與再造，而有了《莊子》文本的跨時代及其哲學的跨領域，這未嘗不是道家思想初生之際所經歷的實然境遇，以及道家心靈與道家文化之醞釀所滋生的應然心態。如此，由實然而應然，由敘事而論理，由自自然然而自由自在、自力自主，老子與莊子所以能夠成爲哲人典範，其中道理實不辯自明。

由此，筆者於是在原始道家的人文基石之上，透過莊子「齊物」的理想，闡明其所顯豁的「自由」義與「平等」義。從而在「情境倫理」的哲學現場之中，將豐厚的人文、博雅的通識及道德的涵養三者合而爲一，以陶鑄出足以融洽理論與實踐於此一生活世界的「道家倫理」。

此外，由於吾人作爲生活之主體乃自有內向之需求及外推之欲求，而吾人之全幅心靈本就處在言與默之間，因此，從人文視野與倫理視角察考莊子哲學的理脈，勢必同時關注莊子言說的特殊性，並且在「齊物哲學」的理境之中，全心探求「道物合一」與「事理無礙」的理想，筆者於是一路由莊子之言說之路循階而上，試圖一窺生命終極之形上風光。如此一來，老莊之學便將可以爲生命之哲學、生命之智慧，以迄生命之教育，提供源源不絕的意義活水。

既置身今日哲學普及與哲學應用方興未艾之際，筆者這些年來除了對道家思想進行具有觀念性、理論性與哲學性的詮解，還費了一些心思在「道家之學如何成爲療癒之學」此一具有經驗性與效驗性的課題研究，並且透過「儒道會通」與「古今交遇」的跨域思考，以理解「福德是否一致」這個根本而深沉的命題與問題，一方面將「人文陶成」與「生命療癒」二者結合爲一，以開發道家本有的智性內涵，進一步應用其智慧解於生活諸多之現場；一方面在價值理想光照於吾人生活周遭之際，在世紀疫情依然讓全人類心生恐懼之時，將老子與莊子共通的人文關懷，展露其具有救治效能與療癒力道的眞實意義。

此時此刻，回顧與前瞻往往繼踵而來，因此，在這十多萬字的篇幅裡，筆者最後做了一個小小的學術動作——將「道家哲學研究在臺灣」當作是一個值得學界關切的課題，嘗試在這還不算複雜的學術圈裡，做一次小小的巡禮，而這並不是爲了臧否人物，也還不能算是任何形式的總覽與總評。

至於此時此地是否已經出現所謂的「當代新道家」或「現代新道家」，似乎仍然沒有足夠的事證與理由可以讓我們直言不諱。迄今，我們能夠慷慨陳詞予以肯定的，大概是底下這千年不變的事實：「古典道家哲學已然跨領域跨時代而來，現代道家哲學也將跨文化跨疆界前行」。

筆者之所以能夠整合相關主題的單篇文字而成書，個人的筆耕與研索的工作，原本微不足道，但筆者依然對所有曾經邀約個人撰稿的學術機構與出版單位，始終心存感激，如本書第一章，便有相當比例的篇幅節選自筆者爲《哲學大辭書》所撰作的辭條內容，然已經予以重組改編。又如有關道家倫理及其可以作爲療癒之道的觀念與論點，則與筆者近年來的兩本論著：《道家倫理學：理論與實踐》（二〇一六）及《莊子一點靈：東方生命療癒先行者》（二〇一八）內容相當近似，甚或有所重複；不過，其間的條理脈絡已然有所重組，有所剪裁。至於本書雖冠上「道家哲學」的名號，但內容顯然側重莊子的哲學與《莊子》一書的意理內容，這已然是筆者個人的偏好了，還請讀者有所諒解，有所包涵。

回顧筆者個人的求學之路與謀事之途，其間並不全然平順。因此，雖已棲身學界多年，至今卻仍然背負著一些無法卸下的閱歷與見識，而它們有些竟成爲個人學術生涯的阻力。因此，筆者也就一直無法自認自許爲「學者」而沒有一絲絲慚愧之意。如今，可以坦然以告的，便是如下的堅持與信守：一個決志從事學術工作者，乃理當有底下兩方面的認知，一、須具備「有容乃大」的襟懷。二、須準備「積漸有功」的心志。捨此，任何腳跨學術門檻的意圖便可能徒勞而無功。

在本書即將付梓之際，對五南圖書出版股份有限公司又一次慷慨接納拙作，並提供充分的協助，謹表達個人誠摯的感謝之意。

葉海煙

二〇二二年九月

目次

自序 001

第一章　本原篇

第一節　「道」的意理幅度 004

第二節　「陰陽」的原初之義 011

第三節　「神」的宗教義與哲學義 017

第四節　《莊子》文本的跨時代及其哲學的跨領域 036

第五節　道家哲學的當代意義 052

第二章　人文篇 059

第一節　文化覺識、哲學慧識與主體自由 061

第二節　「齊物」理想的「平等」義與「自由」義 085

099 第三章 倫理篇
101 第一節 「情境倫理」作爲哲學之現場：人文、通識與倫理三合一之道
115 第二節 道家倫理的理論與實踐：以莊子哲學的基本命題爲核心
125 第四章 言說篇
127 第一節 莊子齊物哲學的語言觀
147 第二節 莊子齊物哲學的道物合一論
169 第五章 生命篇
171 第一節 「生命哲學」與「生命教育」視域中的道家
175 第二節 莊子「逍遙之遊」的生命智慧
189 第六章 形上篇
191 第一節 莊子的形上進路
196 第二節 新道家的形上思維

203 第七章　應用篇
205 第一節　「福德一致」作爲一種價值理念：一項儒道互通的哲學對比
227 第二節　儒道會通的文化救治與心靈療癒
236 第三節　後疫情的人文陶成與生命療癒：一項道家觀點的哲學考察
255 第八章　現代篇
257 道家哲學研究在臺灣的回顧與前瞻：以莊子哲學研究爲例

第一章

本原篇

物有本，事有原，舉凡一切存在皆各有其本，各有所原。流播兩千多年的道家揭櫫「道」爲物之本、事之原、一切之始、一切之終。如此探本溯源，以求眞求是（「眞」指向物之理，「是」則涉及事之情）的智性努力，乃是世上所有哲學家最原初、最素樸、最根本、最澈底、最純然而心無所攀緣的畢生志業。顯然，「道」思想的闡揚、發展與流播，以及接踵而來的多方詮釋與全面性之顯豁，以至於歷代對「道」觀念展開了饒富人文意涵的考察、探究、援引與應用，其所造成的歷史性效應及深具人文意義的影響，不可謂不大，而其所持續揮發的思想作用，更是深遠、宏闊、廣大、長久，而若以此爲東方人文傳統的一大特色，顯然並不爲過。此外，在「道」的全幅意義遍及一切存有者之際，「陰陽」或「氣」作爲具動態義、分殊義與實現義的宇宙論（Cosmology）原理，於是被廣泛地用來闡明「道」的實質之內涵與實際之作用。

《易經・繫辭上》云：「一陰一陽之謂道，繼之者善也，成之者性也。」這分明肯定了「道」乃一切存在之始，「道」也是一切價值之源。儒家與道家都同樣地分享此一「道」之文化與「道氣合一」之思想，從而各自展開足以綜攝一切之差異，並將之和合爲一體的跨領域古典人文之學。由此看來，揭露「道」、「陰陽」與「氣」的原始意義及其因後世不同視角的詮釋，以及因跨領域的文化交流與思想融通，而激發出多元的意理效應，以至於在詮釋自由的引領及具有差異性的哲學奧援之下，對「道」（包含「陰陽」與「氣」）概念所展開的全向度的理解，此一具奠基意義的哲學工作實值得吾人予以關注。此外，兩千多年前，在東方大地上所發生的「軸心」（axial）時代的人文轉化歷程中，出現了思想「除魅」的現象，顯然與原始儒家、原始道家有著密不可分的關聯，而「神」概念之由宗教義轉向哲學義的理路蜿蜒，其跨領域的趨勢恰恰可與「道」思想的發展並轡而行，而跨領域的道家哲學也乘機而起，則可謂是水到而渠成。此外，《莊子》一書的成書過程及其文本與意理的鎔鑄，其跨時代與跨領域的特質，也相當值得深入探討、分析。如今，在當代東西會通與古今對比的人文背景之中，試圖建構以「道」為核心之道家哲學的現代性意涵，並因此延展出古今呼應、東西聯手的觀念體系，以持續探索道家哲學本有的人間性、在世性、實踐性、應用性與未來性，已然是一項跨領域的學術工作。

第一節　「道」的意理幅度

人既活在這世界上，便始終在這世界上行走、活動，並不斷地尋找生存所需的種種資源——其中，大多是有形的資源，用來滿足我們這一生的種種需求。可是，我們的生命卻還需要不少無形的資源，其中，大多是思想的、精神的、心靈的，以及文化的資源。如果進一步追究這些無形的資源，我們便會發現它們往往具有原初性、本根性與素樸性的心靈成分，看似簡簡單單，平淡無奇，卻與各種社會及文化的活動息息交關，而這恰恰是「哲學」萌生的根柢所在。由此看來，哲學之生起與發展，自始便和人類的生活相互牽連，和人類的社會相互連結，和人類的文化共存、共在、共生，甚至和這世界同步、同行，從而一起改變，一起發展，一起向著未來的願景前進。

千百年來，中國人既已存活於這一大塊東方土地上，於是他們和所謂「天地之間」所有的事物便早已互通信息，相接相連，因而形成了一個龐大的生活脈絡。如此一來，一面面生活「地圖」於是逐次舒展開來，其中，有著無以計數的道路縱橫交錯，而因此演生出無可估量的「存有之物」（beings），而且還有諸多動態的人文歷程，全向度地鋪築出無以數計的生活之道。

原來，「道」的本義就是「路」，無什稀奇，卻無比眞實。我們行走，須有路徑引領；我們思考，更須有出路、通路與活路——所謂「思路」，就是思考的道路，而此「道」此「路」乃思考的門徑，指的是思考的方法、歷程、目標及目的。當然，「道」的意義十分廣泛，也相當複雜，從歷史文獻與思想材料涉及「道」的相關文本看來，「道」概念的出現，本來就有多面向、多層次的意理根源。首先，在《論語・學而》裡，孔子的弟子有子揭櫫「君子務本，本立而道生」的儒家宗旨，而孔子云：「朝聞道，夕死可矣。」（《論語・里仁》）顯然，孔子心目中的「道」，乃是君子爲學爲人之道，也就是「成人之道」，而此「道」則是在人文精神發皇茁壯的過程中逐漸地拓展開來。

道有所本，有所始，也有所終，它並非純然抽象之物，乃是一動態的發展歷程，如《禮記・大學》云：「物有本末，事有終始，知所先後，則近道矣。」當然，對孔子而言，「道」乃存乎一心，它也同時是普及一切人事物的思想原理與道德原則——這也就是孔子所以自言「吾道一以貫之」的理由所在，縱然他的學生曾子將他的「一貫之道」分解爲「忠」與「恕」，然就朱熹的解釋看來，「忠」是盡己之道，「恕」是推己及人之道，而程頤則解「忠」是天道，「恕」是人道。究其根本，盡己而後推己及人，而由天道以迄人道，其間之實踐路徑本就通貫爲一。由此看來，曾子補上這句「夫子之道，忠恕而已矣」，基本上並未背離孔子開宗明義以發揚其人文之學與道德之學的初衷。

至於中國古典哲學另一個主流學說——道家，則更直接地以「道」爲其思想體系的核心概念，而視「道」爲天地間遍及一切的總根源、總原理。《老子》一書，一開始便揭顯「道」之名、「道」之義，〈第一章〉云：「道可道，非常道；名可名，非常名。無，名天地之始；有，名萬物之母。故常無，欲以觀其妙；常有，欲以觀其徼。此兩者同出而異名，同謂之玄。玄之又玄，眾妙之門。」這正是道家的開宗與明義。總結而言，道家思想的原初即以「道」爲其核心概念，而道家的本義也就在肯定「道」所蘊含的豐富意理，對「道」的內涵進行了多面向的探勘與挖掘，以揭顯其中所蘊藏的深奧意義，而進一步展開了道的應用與實踐的相關課題。

「道」至少包含以下三層意義，而在這三層意義之間，始終存在著彼此連結、相互呼應的關係：

一、「道」作爲形上之存在者的意義：「道」是宇宙的本原，是一切存在之所以存在的根由，因此，「道」超然於天地之外，而一切之存在由「道」而生。《老子・第二十五章》：「有物混成，先天地生，寂兮寥兮，獨立而不改，周行而不殆，可以爲天下母。吾不知其名，字之曰道。」顯然，老子認爲「道」乃形上之物，故吾人無法直接認識它，而只能通過天地萬物的存在樣態，間接地測知「道」的存在及其意義。

二、「道」作為自然之規律的意義：「道」內存於一切存在物之中，同時是一切之變化與活動所遵行的規律。因此，「道」有自然義、客觀義與規律義。《老子・第二十五章》：「人法地，地法天，天法道，道法自然。」「自然」乃「道」之全般內容，而一切存在物俱遵自然而行，意即以「自然」為規律，而「道」作為規律、法則與原理之意義，即全部集中於「自然」之眞實內涵。

三、「道」作為人文之法則的意義：人間有道，而人文（人類文化）的發展也自有其道，此人間之道、人文之道，以至於人倫之道，其實可總稱為「人道」。然而，就人文的多面向活動，以及由此所演生之多元性的人文現象看來，「道」作為人文世界的普遍原理，它所涉及的意理場域，則已然包括吾人生命之存在與生命之意義二者相互交涉的多重介面——其中所謂「人道」，自是落在「成人之道」所必須遵行之倫理道德基本的律則與軌範，以及種種人文活動所必須依行的人性發展路向與終極之標的。《老子・第二十一章》：「孔德之容，惟道是從。」此即直接闡明「道」是一切良好品德的實踐法則，甚至是人所當為之一切之意理根據。

至於老子所倡言的虛靜之道、柔弱之道、謙退之道、慈儉之道與公平之道，則是此一人文之道在吾人此生此世所不能不信守、不能不踐行的生活之道，而吾人人格之養成與群性之陶冶，也因此都不能背離此一殊途同歸之「履道坦坦」的人間大戒。

道家第二人——莊子，則以其逍遙之遊與齊物之論，開啟了「道」的無限性、開放性，以及充滿一切可能的發展性與理想性。莊子又從「道通爲一」之高明境界，向四面八方伸展其視野，並同時擴大其心胸，而終於將「道」由人而天，由內而外，由有限之存在推向無阻、無限、無垠、無涯岸的精神境界，莊子乃由此高倡「心齋」與「坐忘」的心地法門與生命工夫，而試圖將「道」豁顯於與吾人生命之存在境況相關聯的所有關係網絡。至此，「道」的意義於是可以全然體現，而全然無遮無蔽，無虧無欠。

當然，最重視「道」的人文意義，並因此致力於實現「道」的意義與理想於人間，則非儒家莫屬——即所謂「孔仁孟義」，孔子的仁道與孟子的義道，正是「道在人間」之具體實現，而由此推擴出具有豐富人文意義與道德意義的生命實踐與人格養成之道。

至於「道」之其他面向的人文意義，則有以下三家之言，且各有其代表性：

一、荀子和孔、孟一樣強調爲人之道，但由於他一方面具有十足豐富的客觀性思考，對自然現象有其深入而特別的觀察和體會，因此他把爲人之道的意義建立在「人定勝天」的後天努力之上，因而比孔、孟更重視人文秩序與社會制度（此二者都以禮法爲基本結構），甚至強調人道與天道的分別與對立：「道者，非天之道，非地之道，人之所以道也。」（《荀子．儒效》）如此突出人類中心與文化本位的立場，可說是另類的人文主義與特殊的自然主義的整合。

二、管子以其崇尚法術之觀點來理解「道」，並試圖闡發「道」在人類社會發展進程中的特殊意義，而認爲「道」與統治者的心術息息交關，因爲一方面，道遍存於天地之間；另一方面，吾人之思考能力又能將「道」觀念應用在各種人事活動中：「道在天地之間也，其大無外，其小無內。」（《管子・心術上》）如此斷言道「其大無外，其小無內」，其實就含藏著一種極其特殊的「道的邏輯」、「道的哲學」。

三、至於韓非則大肆運用老子的道於其以「法」爲核心的法家思想之中，認定「道」是遍及自然與人文一切事物的普遍律則，因而賦予「法」最根本、最終極，也最合理的依據——道。《韓非子・解老》：「道者，萬物之所然也，萬理之所稽也。」由此可見，對韓非而言，道的應用與實踐可以從形而上的精神高度，下落於形而下的事事物物之間，甚至可以爲人間權力與律法的運用，做出教人心悅誠服的論證與辯證。

總結而言，道是一，而一能統合一切的對立與差異，因此老子斷言：「天得一以清，地得一以寧，神得一以靈，谷得一以盈，萬物得一以生，侯王得一以爲天下貞。」（《老子・第三十九章》）又言：「以正治國，以奇用兵，以無事取天下。」（《老子・第五十七章》）所謂「以正治國」就是「以道治國」，道乃治國的大方針、大原則，甚至是無比崇高的終極理想。而孔子則強調「人能弘道，非道弘人」（《論語・衛靈公》），直接闡明吾人可以將「道」付諸實踐，甚至視人生為一「弘道」之歷程：若捨棄了道，人生將無任何之價值與意義。

顯然，道從「無」到「有」，又從「有」回歸於「無」，道在有、無之間不間歇地雙向運轉。因此，《老子・第四十章》乃明言「反者道之動」，故而道是一切之始、一切之母，也是一切之終。簡言之，道即是生，是生之根、生之源。道是創生一切、演化一切、包羅一切的根本與歸屬，我們甚至可以說：道即一切，一切盡在道之中。

道可說，道更不可說，而在可說之道與不可說之道之間，恰恰是我們的思考與行動能否相互對接的關鍵處。「道」可以觸及吾人之思想與言語，但它又不可思議，無法言說，除非吾人能在靜寂沉默之中進行直觀思考，否則便難以窺見道的奧祕與奇妙。

《易經・繫辭上》云：「形而上者謂之道，形而下者謂之器。」此應是中文典籍斷言「道」之屬性的最早材料。因此，「道學」即是「形上學」，「形（而）上」實乃「道」最核心的意義之所在。然而，道器不離，一多共在，而一能容多，虛能容實，靜能制動，道終究是一，而所有的形而下者——指此一天地與此一人間之中一切之存在、一切之事物，以及一切可以被認知、被言說、被指稱者，終將歸入於「玄之又玄」而無以名之、無比奧妙、無比深沉之意義底蘊。

第二節　「陰陽」的原初之義

古人仰觀俯察，兩眼總是直視著太陽之光，於是明與暗的對比，便彷彿成爲二分這世界的一般判準。而這與太陽照射直接關聯的二分而對反的視覺印象，在人們的腦海裡，於是逐漸轉換成具有客觀性與普遍性的宇宙論概念——陰與陽，暗是陰而明是陽，是所謂「易曰」爲陽，「不易曰」爲陰。《詩經・曹風》云：「芃芃黍苗，陰雨膏之。」《詩經・豳風》又云：「春日載陽。」原來天候陰晴之變化，全由陽光之有無與強弱來決定，有陽光自然天晴，沒了陽光便是陰天甚至有雨。因此，向光而陽，背光而陰，是再自然不過的事了。

而「陰」、「陽」兩字並用，也始自《詩經・大雅》：「既景迺岡，相其陰陽。」此處之「陰陽」，指的是由陽光照射之角度來決定地理之方位，並無任何哲學意味。到了《老子》和《易經》，「陰陽」一詞才在中國哲學古典文本裡，成爲一個重要的哲學概念：

「道生一，一生二，二生三，三生萬物。萬物負陰而抱陽，沖氣以為和。」（《老子・第四十二章》）

「一陰一陽之謂道。」（《易經・繫辭上》）

「陰陽不測之謂神。」（《易經・繫辭上》）

「立天之道曰陰與陽，立地之道曰柔與剛。」（《易經・說卦》）

顯然，陰陽由道而生，由道而起，由道而有其作用，而陰陽相反而互動，更成爲一切存有者的生成、發展與存在之道。由此看來，「陰陽」作爲中國哲學古典宇宙論的核心概念，已然在《老子》和《易經》這兩本典籍裡，明明白白地確立其眞實之意義。

而就「道生一，一生二，二生三，三生萬物。萬物負陰而抱陽，沖氣以爲和」，以及「一陰一陽之謂道」這兩句話看來，「陰陽」一方面是「道」作爲宇宙萬物之創生性原理的具體緣由，一方面則是物之所以爲物（即一切存有之物之所以是「存有者」）的結構性原理——所謂的「結構性」實兼具內在性、基礎性與根本性。

此外，「陰陽」之原理同時也是一切存有之物所以能夠共在、共存的基礎所在，而物物唯有通過一體共在且共存共榮的過程，才可能獲致眞實圓滿而終底於成的存在狀態。由此看來，陰陽和合之道乃自有其三方面的意義：歷程之意義、發展之意義與整全之意義，而此三者又相容無間，彼此相依而互動互成。

當然，陰與陽都不是具體存在之物，若將其視為一種力量或一種屬性，也只能是譬喻之詞。雖然，在「陰陽」作為一種觀念，而因此被運用在不同的理論系統與意義脈絡之中的時候，「陰」往往意謂「柔順」，「陽」則往往象徵「剛強」，而剛柔並濟，彼此相輔相成的結果，更具體表現出「陰陽和合」的實際作用。

由此看來，陰與陽從對立對反，到相互影響，彼此調和，乃是遍及一切之生成原理，而「和」作為中國哲學重要之觀念，即由此而來。當然，此一「和」之原理，乃是一動態性原理，而不是由抽象、靜定、凝止而不再有任何變化的理論所構成的純理性之概念系統。其實，老子云：「萬物負陰而抱陽，沖氣以為和。」便直接以「沖氣」一詞，突顯了陰陽二氣由對立對反而不斷地相互激盪，彼此調和的過程。其間，即不斷地顯示出「和」的原理乃在萬物實際的存在狀態中發揮其具動態性、發展性、引導性與整全性的功能與效力。

因此，我們似乎可以如此斷言：陰陽和合的過程即一切事物發展的歷程，亦即陰陽二者交互作用，乃在此一發展歷程中創生了一切，形成了一切，而發展終究是整全性之發展，其終極之目的即在於物物自身之存在，此一「歷程之哲學」、「發展之哲學」與

「整體之哲學」，對比於亞里斯多德（Aristotle）立基於「潛能」到「實現」的過程之存有論與形上學，顯然各顯意趣，也各有所指，但都同樣地關注世上一切之存在——尤其是那變化之中有所不變，不變之中又有所變的事實與現實。

在此，我們還是回到中國思想史發展的歷程中，看看「陰陽」之觀念是如何有其特殊的發展與變遷，又是如何被運用在實際生活之中，而和現實的人生與人身有何特別的關係。首先，是戰國時代的鄒衍，他結合「陰陽」和「五行」這兩個觀念，進而運用「陰陽五行」之複合概念，作為天地自然及人事變化的基本原理與運行規律，其特別強調五行（金、木、水、火、土）的生剋關係，以預測人間之吉凶禍福。此一充滿神祕思維的宇宙觀與自然觀，顯然對反於儒家重視人文、人性與人道的倫理素養，以及道家宣揚吾人當依道而行，以順乎自然、返本復初、見素抱樸的道德向度與倫理原則，司馬遷謂其「深觀陰陽消息，而作怪迂之變」（《史記・孟子荀卿列傳》），實為中肯之論。

漢初的《淮南子》，則強調天地變化皆緣於「陰陽和合」，主張萬物之生成皆來自陰陽二氣和合之過程——和而後合，和而能合，宇宙自然乃變化不已，生生不息。而在這以「陰陽五行」解釋一切存在之現象的同時，人身實有之情況也自是在「陰陽五行」的存在解釋學的範疇之內，《黃帝內經》即由此發展出一套具原初性的醫學理論，認為人之有男有女，乃陰陽所致，於是直接指出：「陰陽者，血氣之男女也。」（《黃帝內經・素問》）而人之有心、肺、腎、肝、脾五臟，則是「五行」具體成就了人身之基本結構，其中，循環不息的動態關係，即爲吾人形身康健與否的根本原理——陰陽失衡，血氣不調，人便難免有苦痛疾病。由此可見，如何維持身心調和而長保平衡整全的狀態，實乃養生、保生，以至於長生不老的關鍵所在。

至於把「陰陽」之原理及其所蘊含的意義發揮到淋漓盡致，而完成了兼具有自然主義、機械主義，以至於機體主義意趣的宇宙觀與人生觀系統思想，則是漢代思想家董仲舒，他以「陰陽五行」爲具體內容，配合「天人感應」之律則，而全向度地涵蓋了自然與人文，並將二者鎔鑄成一個自在循環且自滿自足的完整世界。雖然難免有形式主義的封閉、靜止，以及無法以理性予以透視的理論缺憾，但如他所言：「天地之氣，合而爲一，分爲陰陽，判爲四時，列爲五行。」（《春秋繁露・五行相生》）又云：「天地之常，一陰一陽。」（《春秋繁露・陰陽義》）以及「天之常道，相反之物也，不得兩起，故謂之一。一而不二者，天之行也。」（《春秋繁露・天道無二》）顯然，董仲舒在意的是天地自然之爲一大整體、一大機體。至於五行之間所謂「生剋」之關係，以及他所附會而生的神祕之力量，乃至由物物相互感應之關係，所構結而成的規律，雖然往往不符合經驗之明證，也禁不起科學數理之分析，但此一揉合生機與機械，並在相對相反的關係脈絡中，探索宇宙大有的整全性與生命力的思考方向，則仍然有其耐人尋味之處。

顯然，陰陽由對立而統合，陰陽之消長與盛衰而有變化，除了作爲事物之間的調理與屬性之外，其所具有的生命辯證性，以及由此所描繪出的自然世界與人文世界，恰如北宋思想家張載於《正蒙．參兩》以「一故神，兩故化」，來說明陰陽（即所謂「二」）終歸於玄妙不可測的道（即所謂「一」）而作爲一切變化之原因，而此原因，皆在氣之升降與浮沉之歷程中。朱熹則如董仲舒，認爲人間之仁義禮智的道德屬性如同陰陽一般：「陽也，剛也，仁也，物之始也；陰也，柔也，義也，物之終也。」（《太極圖說解》）由此看來，「陰陽」概念之運用，幾乎難以轄限，而其理趣之延展，其脈絡之擴張，其可以涵蓋的範圍，以及可以探入存有物之內蘊的意義張力，更是難以估計，難以一語道盡。由此看來，中國古人之由譬喻所引領的哲學想像，恰恰可以用「陰陽」之觀念作爲其中之顯例，而其中自有一般理性所難以蹴及的心靈版圖，在在值得吾人用心玩味。

總結而言，「道」與「陰陽」所共構而成的本體論（Ontology）與宇宙論二者和合爲一的哲學路徑，自古至今，雖屢遭阻絕，但卻從未中斷；其間，儒家與道家顯然都已各盡其力，尤其是道家將古典的道論與氣論融會於新人文、新倫理、新道德的哲學系脈之中，其觀念之精彩、其心智之高明，在當代「道術爲天下裂」的思想態勢裡，竟依然閃爍著耀眼亮麗的思想光芒。

第三節　「神」的宗教義與哲學義

「神」作爲一個具有哲學意義的觀念，本來並沒有所謂「後設的」理論性與思辯性的意涵，但是神之爲中國古代社會的一種信仰對象，卻由來已久。而「神」往往和「鬼」、「天」、「帝」等觀念相結合，終而出現了「鬼神」、「天神」、「神明」等詞彙，祂因此泛指一切超自然的崇拜對象，甚至出現了幾近「至上神」的意義。不過，就中國初民社會宗教文化的發展歷程看來，「神」在中國古人的心目中，並不是所謂的唯一眞神，也同時沒有基督宗教信仰中的主宰者、創造者等身分，因爲中國傳統宗教顯然一直欠缺「創世紀」與「伊甸園」的宗教神話。

可以說，從夏商周三代以降，古中國人的信仰活動便一直在相當於「至上神」的「上帝崇拜」之下，出現了富有傳統性的宗教行爲與宗教習俗。據《尚書・堯典》所記載，其中就有所謂「肆類於上帝」之說，此即意指祭祀上帝的宗教禮儀，而在《尚書》一書裡還有「格於上下」、「徯志以昭受上帝，天其申命用休」等說詞。「格於上下」

是說在天上的天神與在地上的地祇都支持堯這位聖君登帝王之位，「徯志以昭受上帝，天其申命用休」則是說只要人們依循上天的旨意行事，上天便會不斷地賜給人們福祉。

當然，「神」的意義並不全等於「天」、「帝」或「上帝」。雖然這些字眼在相當的程度上意義近似，而組成了中國古代主要的宗教「概念叢」，具體地顯示了中國古人的宗教心靈，特別是在上天之神可以通過超越性的神格、神威、神恩與神能，來對地上之人施行號令，而決定人間的吉凶禍福。原來神的旨意無可違抗，神的賞罰無可逃避，而神的力量則幾乎無所不在。

顯然，「神」成爲哲學思考的對象，基本上是在它作爲宗教人格神的「祂」之後。因此，「神」的字源主要落在「从示、申」的基本字形結構之中，意思是「引出萬物」，一切之存有物皆由神而來。徐灝《說文解字注箋》曰：「天地生萬物，物有主之者，曰神。」由此看來，神是一切的創生者，並且成爲一切之主宰者。不過，「神」往往以多數解，也就是說，「神」往往不是指一神論的至上之神（God），而是指多神宗教中的「鬼神」或「神明」（gods）。根據勞思光的研究，中國古代鬼神觀念就其文化源起而言，至少有以下三個面向的意義值得探索：

一、以「神」與「天」或「帝」比較，「神」為多數。有所謂四方之神，有所謂山川之神。在今文《尚書．堯典》（古文屬〈舜典〉）中，即有「遍於群神」之語。至於周代文獻中，則「諸神」、「百神」之語更屬常見。大抵中國古代用「神」字，皆屬「多神」意義，涉及「一神」觀念時，即用「天」或「帝」。

二、古代雖有「天神」與「地示（祇）」之分，但並非嚴格限定用「示」指人死為神者。如《尚書．盤庚》有「予念我先神后之勞爾先」，此所謂「先神后」，即指殷之「先王」而言。對前代已死之殷王，稱之為「神后」，足見殷人早已稱人死者為「神」。故人死可以為「神」，乃殷代已有之觀念，其後周人更常用此一意義說「神」。於是，中國古代所謂「神」，並非先於世界而存在者。其中一部分指人死而成者，固顯然在人類出現之後始有；即另一部分非由人死而成之神，亦似乎屬於世界之一部分。

三、由於「神」有一部分指人死而成者，故「神」與「鬼」意義遂接近。古代文獻常以「神鬼」並稱。如《尚書．金縢》有「能事鬼神」、「不能事鬼神」等語，即對「神」與「鬼」未作區別。而「神」與「鬼」並稱，遂與「天」

或「帝」之意義益遠，而轉與「人之靈魂」一觀念接近，此點與日後道教之「神」觀念大有關係。①

而在釐清神、天、帝、神后與鬼神等宗教觀念的同時，斷言古代中國人心目中的神乃與天地同長在，甚至如世俗所言「舉頭三尺有神明」一般，神與人儼然長相左右，縱然神明的所作所爲實非吾人可以完全探知與理解。

因此，「神」原本的意義乃等同於「天神」或「神靈」，如《周禮・春官宗伯・大司樂》云：「以祀天神。」而「神靈」則與「人死爲鬼」的一般之信念相關，如屈原《楚辭・九歌・國殤》云：「身既死兮神以靈，子魂魄兮爲鬼雄。」由此看來，在神權觀念盛行的年代，敬神（鬼）、畏神（鬼），以至於拜神（鬼）、祀神（鬼），成爲普遍流行的庶民思維，因此商代的「帝」不僅是「禘」（對上帝的祭祀）的對象，也同時是商代帝王的化身，因爲商人認爲「帝」作爲祖宗之神，極可能就是他們的祖宗，而這

---

① 以文化源起論的觀點探究中國古代鬼神觀念的意義生發及其轉變之歷程，勞思光曾經做了相當簡要而貼切的闡釋。在此，有關中國古代鬼神觀念的三個面向的意義，即援引自勞思光《新編中國哲學史（一）》，臺北，三民書局，二〇〇一年，頁九十四—九十五。

對「絕地天通」之前「人神雜揉」的心靈型態而言，其實並不足爲奇，這更表示「神」的觀念不僅有神祕的宗教性，而且還有相當顯著的文化性、道德性與倫理性。神（神明、神靈）原本高高在上，故又曰「天神」。神由天而降，或惠賜福祉於人，或嘉賞君王之德，或以超越的權威教那些無德之君（民）有所警惕與懾服，故曰「神饗而民聽」（《國語．周語上》）。

人死爲神爲鬼，則又是「神」之所發生的一大根源，這和天神、地祇，以及山川、幽谷之神又有所不同，但都一樣具有不可思議的威能。至於明言「神」爲「天地之本」、「萬物之始」，則已然有了具宇宙論意涵與本體論意涵的哲學思維。而《易經．觀》所謂「聖人以神道設教」，此「神道」仍然是「神」的代名詞，但既加了「道」字，也就多了一些人文意趣與政教意味。

此外，「神」觀念除了作爲一超越而具有意志，能發號施令，甚至能主宰一切的實體與位格（此即「神」作爲「祂」或「祢」的意義），它顯然還有第二個主要的意義根源（其文本根據，主要有《孟子》與《易經》這兩部經典）：

「浩生不害問曰：『樂正子，何人也？』孟子曰：『善人也，信人也。』『何謂善？何謂信？』曰：『可欲之謂善，有諸己之謂信。充實之謂美，充實而有光

輝之謂大，大而化之之謂聖，聖而不可知之之謂神。樂正子，二之中，四之下也。』」（《孟子・盡心下》）

「陰陽不測之謂神。」（《易經・繫辭上》）

「神也者，妙萬物而為言者也。」（《易經・說卦》）

「夫道者，體圓而法方，背陰而抱陽，左柔而右剛，履幽而戴明，變化無常，得一之原，以應無方，是謂神明。」（《文子・自然》）

「列星隨旋，日月遞炤，四時代御，陰陽大化，風雨博施，萬物各得其和以生，各得其養以成，不見其事，而見其功，夫是之謂神。」（《荀子・天論》）

「物生謂之化，物極謂之變，陰陽不測謂之神。」（《黃帝內經・素問》）

由以上「神」的相關文本看來，「神」除了作為「位格神」的原始意義之外，幾乎都意謂「奇妙莫測的變化」，並且幾乎都由形容之詞，進而指涉一種無法描摹，無以言詮的神妙或神祕的實存狀態，此一實存狀態已不單單屬於現象世界，而是已由感官耳目可予以觀察理解的現象界，一路超邁高舉，向超乎感知、超乎理性，超乎吾人言語思維邏輯的精神心靈之境界，如此變化及如此存在，而如此存在又如此眞實，教人難以思議，難以言宣。韓康伯注解「陰陽不測之謂神」曰：「神也者，變化之極，妙萬物而爲言，不可以形詰者也。」（《周易集解．卷十三》）便是以「變化」爲核心概念，來理解此一並未具有十足位格意義的「神」，而《易經．繫辭上》又云：「《易》無思也，無爲也，寂然不動，感而遂通天下之故。非天下之至神，其孰能與於此。」虞翻注此「至神」曰：「至神，謂易隱初入微，知幾其神乎！」（《周易集解．卷十四》）此外，韓康伯又作如下之注：「至神者，寂然而無不應。」（《周易集解．卷十四》）由此看神，「神」而「至神」，指的是此一奇妙、神妙而玄妙的「神」的狀態，已達於無思、無爲，而爲吾人所無法臆測、無以逆料的境界。對此，吾人似乎便可明白，中國哲學所以另開「體知」之路，顯然有其原始思維理路的必要性。

此外，此一以「變化」爲核心意義的「神」也被用來鼓舞人們運用此一變化之力與變化之理，來發揮此一天地本就蘊含的神奇功能，而這似乎也不是一般之本體論與宇宙論可以全然概括。因此，《易經．繫辭上》云：「鼓之舞之以盡神。」此「神」雖依然是「神妙」之意，但其中卻已富有人文之精神、人文之意義，以及人文化成的理想。因此，孔穎達於《周易正義．繫辭上》疏云：「此一句總結立象盡意、繫辭盡言之美。聖人立象以盡其意，繫辭則盡其言，可以說化百姓之心，百姓之心自然樂順，若鼓舞然，而天下從之，非盡神，其孰能與於此？」如此的人文思維，其實已把此「神」之意涵敞開於聖人化民成俗的政教活動場域，而聖人之心與百姓之心於是皆能安然處在「神」所指涉之奧妙的精神生命之中。因此，《易經．繫辭上》又云：「民咸用之謂之神。」所謂「民咸用之」者，即此一可以讓所有百姓日用而不知，卻能出入而自得，無所不用亦無所不宜的變化之理、變化之道，此即聖人之德，亦百姓日用而不知之道，而聖人所以大肆運用天地之道，即旨在運用此神妙之道，並將此一事物變化之理轉化為人倫之道，以及具有高度應然性的各種道德規範。故孔穎達於《周易正義．繫辭上》疏云：「聖人以利而用，或出或入，使民咸用之，是聖德微妙，故云『謂之神』。」

在「神」作為「神妙變化」解的前提之下，其「變化」之意涵則顯然是由自然事物的變化開端，經過「人文化成」的文化、倫理與政治教化的過程，終而出現了具有高度精神意義的人格之理想，而就在此一人格理想之下，「神」指的便是到達聖人境界，而教人無以名之的人格狀態與心靈狀態。孟子曰：「大而化之之謂聖，聖而不可知之之謂神。」所謂「聖」與「神」，指的便是順著此一以吾人之心靈與精神之自我陶成、自我造就為主軸的修養之道，終可達致的崇高人格境界。此外，《易經．繫辭下》所云：「乾坤，其《易》之門邪？乾，陽物也；坤，陰物也。陰陽合德而剛柔有體，以體天地之撰，以通神明之德。」此即意謂人與天地可以在精神上互通，可以在天地、神明與萬物一體的前提下，經由道德人格之修養，而實現「天人合德」的理想。至此，吾人乃能一方面具有「神明之德」，一方面「窮神知化」（《易經．繫辭下》），而窮究天地微妙之理、變化之道，如王夫之所言：「神者，化之理，同歸一致之大原也；化者，神之跡，殊途百慮之變動也。致用崇德，而殫思慮以得貞一之理，行乎不可知之途而應以順，則窮神。過此以往，未之或知者付之不知，而達於屈必信，信必屈，屈以善信之道，豁然大明，不以私智爲之思慮，則知化。此聖人之德所以盛也。」（《周易內傳・卷六上》）此即在呼應《易經・繫辭下》之「窮神知化，德之盛也」，而聖人所以能把道德智慧發揮到最高境界（即「神」之境界），其主要緣由乃在聖人之心能推己及人，周濟萬物，以至於博施濟眾，廓然大公。因此，「神」的意涵之足以窮極一切變化，其實是聖人的生命精神不斷順應萬物，擴充至極，以推度萬物之情，以包容一切之他者的生動的寫照。

因此，「神」之變化由自然世界到人文世界，乃是中國哲人以其個人之精神力量上天下地，以窮索一切的歷程，而這自然是道德實踐的具體效應，也是中國哲學所以能以「工夫哲學」與「境界哲學」獨樹一幟的道理所在。當然，「神」仍有其普世之意義，以及順應世俗的功能性意義，但它作爲一具哲學意義的概念，顯然始終保有底下兩個面向的意涵：

一、「神」指的是吾人之思維。如《左傳・昭公七年》所云：「是以有精爽，至於神明。」又如《荀子・解蔽》所言：「心者，形之君也，而神明之主也。」這所謂「神明」，指的是吾人之思維能力，其官能即是「心」，而所以能夠由「心」上達於「神明」，即是因爲吾人之思維能夠直接提振吾人之精神，而使內外互通、主客交通，以上達於人我相通、物我無隔的境界。因此，戴震《孟子字義疏證》說：「神明照物。」即是把荀子認爲心是神明之主體的功能發揮到極致，所達到的認知境界。至此「神而明之」的精神狀態，指的是吾人之認知已然貫通一切心物、主客之對立，而照察一切之理，並通貫一切之道。如此，「神」的意義實已超乎一般之理性思維，達到了具有哲學意義的心靈覺醒，以至於能直觀一切的智慧境界。

二、「神」指的是吾人之精神。意即「神」就是精神的簡稱，《莊子・齊物論》云：「勞神明爲一，而不知其同也。」《淮南子・原道訓》云：「形閉中距，則神無由入矣。」在此，「神明」或「神」都是指吾人之精神官能、精神能力或精神狀態，最初亦無多少哲學之意涵，但中國哲人對吾人之爲具有精神能力之存有者，則一直有高度之共識。因此，「神」義的內容，由神祕的宗教義到富有道德理性的人格義，再回歸到與吾人實際存在之狀態始終相應而俱在的思維認知之義，其中同時蘊含著心理、意識、情感及精神之義。其間，中國哲學家並不曾過度地在哲學與非哲學、理想界與現實界，以及抽象思考與體驗直覺之能力等兩兩對立的範疇之間，畫下不必要的概念性括弧，以及徒然滋生歧義的理論範疇。由此看來，在層層轉進的觀念史歷程之中，「神」的意義已經由純然超越的宗教性意涵與密契性意涵，逐步轉向吾人可以充分理解並有所體悟的哲學性意涵與人文性意涵。

其間，此一「神」義的除魅化過程，自兩漢、隋、唐，以迄宋、明，顯然有下述五個面向的意理轉折，與中國哲學發展的主要取向，有著相互連結、彼此呼應的關係：

一、在兩漢哲學以宇宙論為中心的思維邏輯中，關於「神」義的討論，幾乎都從自然主義宇宙觀的角度切入。就以王充的自然主義為例，便可知兩漢哲學的「鬼神觀」大體上是採取否定論的立場，其《論衡．論死》云：「人無耳目則無所知，故聾盲之人比於草木。夫精氣去人，豈徒與無耳目同哉。朽則消亡，荒忽不見，故謂之鬼神。人見鬼神之形，故非死人之精也。何則？鬼神，荒忽不見之名也；人死精神升天，骸骨歸土，故謂之鬼。鬼者，歸也。……神者，伸也，申復無已，終而復始。人用神氣生，其死復歸神氣。陰陽稱鬼神，人死亦稱鬼神。」而如此「鬼神」合言，並且將之歸於自然之變化，是已大體反映出兩漢哲學「氣化宇宙觀」的核心思維，因此兩漢哲學的氣化論於是把吾人所具有的身心二元之存在屬性全歸於氣的流行與變化。而如此的「形神俱化」，即意指吾人肉體一旦死亡，精神也就同時滅亡。這對後來以「薪盡火滅」喻「身死神亡」的神滅論，顯然發生了直接的影響。

二、後來，對「神」概念的詮釋，最有哲學貢獻的，應屬宋、明哲學家。周敦頤將《易傳》以「奇妙莫測的變化」為「神」的觀點，綜結為「大順大化，不見其跡，莫知其然之謂神」（《通書・順化第十一》）。並同時闡揚《中庸》的「誠」的概念，將之提升爲一普遍的形上原理，因此將「神」解爲「感而遂通者」，而以「寂然不動者」爲「誠」，進而推出「動而未形，有無之間者，幾也。誠精故明，神應故妙，幾微故幽。誠、神、幾，曰聖人」（《通書・聖第四》）。原來「誠」、「神」、「幾」皆指聖人之精神境界，其以道德人格爲其主要之關切，實乃無庸置疑。

三、宋代邵雍和張載則轉向以體用說和氣化論爲核心的哲學思維，一方面旨在回應易理變化之說，如邵雍《皇極經世書・觀物外》所言：「神者，易之主也，所以無方；易者，神之用也，所以無體。」是以「體用說」來理解易之爲道的眞正意涵，另一方面，進一步將陰陽變化之理，推擴爲具有本體論意義的普遍原理，而因此將「鬼神」詮解爲形上普遍之理的體現過程，如張載《正蒙・太和》所言：「鬼神者，二氣之良能也。聖者，至誠得天之謂；神者，太虛妙應之目。凡天地法象，皆神之糟粕爾。」由此看來，「神」已幾乎等同於天地之本然狀態，亦即宇宙變化之根源所在。因此張載乃斷言：「天下之動，神鼓之也。」（《正蒙・神化》）又云：「天之不測謂神，神而有常謂天。」（《正蒙・天道》）以及「氣有陰陽，推行有漸爲化，合一不測爲神。」（《正蒙・神化》）如此，「神」已幾乎是一切存在的第一原理，甚至已有近似亞里斯多德「形上學」所謂的「動力因」的意味，以至於認定一切存在之物全都在「神鬼」概念所意謂的消長、代謝、出入與死生的歷程中，各自呈現其所以成爲一存在者的樣態。故張載《正蒙・動物》云：「動物本諸天，以呼吸爲聚散之漸；植物本諸地，以陰陽升降爲聚散之漸。物之初生，氣日至而滋息；物生既盈，氣日反而游散。至之謂神，以其伸也；反之爲鬼，以其歸也。」

四、在「神」的原初之義已然遭致人文之洗禮與理性之薰蒸之後，宋明之後的理學家於是以「理氣二元論」來詮解「神」的眞義。程顥云：「冬寒夏暑，陰陽也，所以運動變化者，神也。」（《二程遺書・卷十一》）這是把神視爲一切之動因，他又說：「生生之謂易，生生之用則神也。」（《二程遺書・卷十一》）則已在體用二分的原理之上，將「神」的意義從其作爲變化的功能的角度，予以充分之豁顯。以集理學大成的朱熹爲例，他顯然立基在相近於理性主義的立場，以其理氣二元之論，來探究「鬼神」之眞實意義，由底下所引朱子之言，即可略窺其中端倪：

「魂魄就人而言，鬼神離乎人而言。」（《朱子語類・卷六十三》）

「精聚則魄聚，氣聚則魂聚，是以為人物之體。至於精竭魄降，則氣散魂遊而無不之矣。降者屈而無形，故謂之鬼；遊者伸而不測，故謂之神。」（《朱文公文集・卷七十二》）

「『陽魂為神，陰魄為鬼』；『鬼，陰之靈；神，陽之靈』，此以二氣言也。然二氣之分，實一氣之運。故凡氣之來而方伸者為神，氣之往而既屈者為鬼。陽主伸，陰主屈，此以一氣言也。故以二氣言，則陰為鬼，陽為神。」（《朱子語類・卷六十三》）

「鬼神不過陰陽消長而已。亭毒化育，風雨晦冥，皆是。在人則精是魄，魄者鬼之盛也；氣是魂，魂者神之盛也。精氣聚而為物，何物而無鬼神。『遊魂為變』，魂遊則魄之降可知。」（《朱子語類・卷三》）

問：「《中庸》『鬼神』章首尾皆主二氣屈伸往來而言，而中間『洋洋如在其上』，乃引『其氣發揚於上，為昭明、焄蒿、悽愴』，此乃人物之死氣，似與前後意不合，何也？」曰：「死便是屈，感召得來，便是伸。」問：「『昭明、焄蒿、悽愴』，是人之死氣，此氣會消了？」曰：「是。」問：「伸底只是這既死之氣復來伸否？」曰：「這裡便難恁地說。這伸底又是別新生了。」問：「如何會別生？」曰：「祖宗氣只存在子孫身上，祭祀時只是這氣，便自然又伸。自家極其誠敬，肅然如在其上，是甚物？那得不是伸？此便是神之著也。所以古人燎以求諸陽，灌以求諸陰。謝氏謂『祖考精神，便是自家精神』，已說得是。」（《朱子語類・卷六十三》）

由此可見，對朱子而言，鬼神並非具有位格性與實存性的存在者，鬼神只不過陰陽二氣屈伸之變化。氣之屈爲鬼，氣之伸爲神，而鬼神之意義又特別著重在「屈伸」之狀態，因此朱子又用動靜來理解「神」：「蓋神之爲物，自是超然於形器之表，貫動靜而言，其體常如是而已矣。」（《朱子語類・卷九十四》）由此看來，神自有其體，而「神體」如「易體」一般，周流太虛，遍及一切，故其通貫動靜之變化爲一體，實自有其超越之義。而此超越之義，當是「理」之超越且先在於「氣」，所充分體現的「理先氣後」、「理靜氣動」之義。因此，朱子之所以依然從事崇拜祖先的祭祀行爲，主要是因爲他認爲在理氣論的前提之下，吾人仍然能以誠敬之心與靜定之念，來和祖先鬼神相互感通。

五、在理氣二分二元的概念思考之外，心學家陸象山則以「心即理」說爲其哲學之基礎原理，因此他將「神」義全納入「心」義的範域之內，自是理所當然。而他因此甚少言及「神」，也自可理解。象山云：「人心至靈，此理至明，人皆有是心，心皆具是理。」（《陸象山全集・卷二十二》）又云：「收拾精神，自作主宰，萬物皆備於我，有何欠闕？」（《陸象山全集・卷三十五》）顯然，「神」之意涵對象山而言，是唯有在心與理統合爲一的範疇之內，才得以彰顯。至於王陽明則以「天地只是一個靈明」來理解鬼神的眞諦。因此，他說：「天地鬼神萬物離卻我的靈明，便沒有天地鬼神萬物了。」（《傳習錄》）如此，將天地、鬼神和萬物都吸納消融在吾人獨有此心的哲學觀點之下，而「神」便等同於那一點靈明，那一氣流通，以及那無所不包，無所不在的天地之心，天地之心即吾人此獨有之心，王陽明的道德唯心論之所以具有特殊性，以及富有精神的意涵與形上的意涵，理由自不外乎此。

由以上五個面向看來，顯然「神」的人文意涵與道德意涵是到了東周以後才充分呈露，而這主要是孔子的貢獻。孔子說：「祭如在，祭神如神在。」（《論語・八佾》）在孔子眼裡，祭祀乃人文之一現象，亦即在肯定吾人乃祭祀之主體，而不是神祇之附庸。由此看來，孔子在意的是人們祭祀鬼神的心理與動機，因此，只要在祭神時感覺神好像眞的在那裡，便已達成祭祀的目的，而不是眞的要把神當成是具有實有性（reality）的存有者。孔子於是進一步說：「務民之義，敬鬼神而遠之，可謂知矣。」（《論語・雍也》）意即爲政者要善盡對人民的責任，而對鬼神只要抱持崇敬之心即可，這似乎也表示孔子的宗教觀與鬼神論在中國古代宗教「去魅化」的過程中，扮演十分重要的角色，而他反對不合情理，甚至違反人性的「淫祀」的態度，也自是昭然若揭。不過，孔子卻也同時繼承了古代以爲人死之後還有靈魂存在的想法——人死便成爲鬼，而鬼神、神鬼，以至於天神地祇，則幾乎泛指世上一切自然與超自然的「靈物」，這其實已把「魑魅魍魎」都包括了進來。而孔子之所以揭櫫人倫道德的理想，從他以下這句話便可以完全理解，子曰：「非其鬼而祭之，諂也。」（《論語・為政》）這分明是在突顯祭祀祖宗的倫理意涵，而和曾子提倡「慎終追遠，民德歸厚矣」（《論語・學而》）的觀念相互呼應。然而，如此的道德理性思維其實並未減少儒家的宗教感及其終極關懷，這由孔子依然保有對上天的敬意，即可見一斑。如《禮記・中庸》云：「子曰：鬼神之為德，其盛矣乎！視之而弗見，聽之而弗聞，體物而不可遺。使天下之人齊明盛服，以承祭祀。洋洋乎如在其上，如在其左右。《詩》曰：『神之格思，不可度思！矧可射思！』夫微之顯，誠之不可揜如此夫。」這也仍然是在以「鬼神之德」為核心的宗教氛圍中，肯定傳統祭祀行為的重要性，並同時藉由吾人對神的眞誠崇敬與默禱，來體現以「誠」為基礎原理的儒家道德理想。

兩千多年來，「神」的意義在中國歷代哲人的多方闡揚之下，是一直以傳統的宗教思維、文化思維與倫理道德的思維為主要的論域。但是到了當代，則因西方宗教與哲學中的「神」（God）概念的轉繹、介入、混同，以及並行不悖的多方運用，於是其核心意義由基督宗教看來，乃與「上帝」、「天主」之義等同，而其自有特殊之屬性，也自有其超絕之存有論意涵，是早就被神學家與宗教學家所普遍關注。至於當代中國哲學出現的否定神存在的相關論述，包括那些因受唯心或唯物思想影響的哲學家所主張的「神是虛」的觀點，而因此取消神的實有性與位格性（如牟宗三在其《心體與性體（三）》一書中，將朱子所謂的「神」解為「只是理」的觀點），則顯示當代之「神」義顯然有了多元的發展取向，而在各說各話，各自尋求哲學理據的情況下，「神」義的豐富性也就同時在各種與宗教相應的文化場域與學術論域中被豁顯無遺，而終成爲一項足以讓吾人進行跨宗教、跨文化與跨學術界域的對話的重要觀念。

至於歷代道家，則對宗教崇拜並具有超越取向的「位格神」，做了具有人文意涵與哲學意涵的轉化，而終將中國古代宗教的「去魅化」推到另一個高峰。《老子・第六章》云：「谷神不死，是謂玄牝。玄牝之門，是謂天地根。綿綿若存，用之不勤。」在此，「谷神」之爲「神」，已經沒有位格之義與意志之義，老子乃旨在運用原本的「山川之神」爲喻，來指涉「道」。後來，老子進一步把「道」的意義擴展爲「治國之道」此一政治原理，則更超然於鬼神崇人的傳統信仰之外，因此他說：「治大國，若烹小鮮。以道蒞天下，其鬼不神。非其鬼不神，其神不傷人。非其神不傷人，聖人亦不傷人。夫兩不相傷，故德交歸焉。」（《老子・第六十章》）如此一來，鬼和神都不再是宗教神祕思維之對象，而傳統「神」的意涵也因此被「道」的思考全般吸納。此外，莊子則通過其「形神論」：「若正汝形，一汝視，天和將至；攝汝知，一汝度，神將來舍。」（《莊子・知北遊》）認爲形體與精神相互影響，交互作用，並由此推出「形全則神全，神全則形全」。由此可見，莊子所關注的「神」，主要指的是吾人之精神特質，而他所謂的「神人」，指的就是精神涵養達到崇高而神妙的境界的一種人格典範。

顯然，先秦哲學此一由宗教而哲學，由超絕之境轉入於吾人之生活世界，由超乎理性的崇拜行爲，到以理性（特別是道德理性）爲依準的智性開發與德性養成之道，當是中國人文精神的發揚及人文主義的啟蒙。然而，此一啟蒙之活動，卻仍然讓原初的「神」的觀念，在其具發生學意義的根源之上，依舊在吾人心版上歷歷分明。而在諸多古代經籍中，便有相關的文本證據，足以證明「神」的深廣意涵之所以能夠跨宗教，跨倫理，跨人文的多元範疇，其中緣由，其實與原始儒家、原始道家所分別進行的「除魅」的哲學思考與道德實踐，有著十分緊密的關係；而其間，道家哲學以其跨領域的「道」思維，爲古典之人性覺醒與理性啟蒙，始終盡其心並盡其力，而終開拓了具有十足東方色調的智性之道與德性之道二合一的人文坦途，顯然值得後人大書特書。

第四節 《莊子》文本的跨時代及其哲學的跨領域

如今，當代道家研究似乎出現一個不成文的共識：「以《莊子》其書，來替代『莊子』其人」，因此通篇不提「莊子」而只論《莊子》。然而，在「先有其人，而後方有其思想、哲學」的前提之下，此一寫作與論述之模式顯然有些過猶不及。

顯然，佛教經典經過長達數百年的結集與編輯，基本上都由「佛說」而來，釋迦創始佛法、佛理、佛學的尊貴身分在文本及其多元的三藏之中始終未曾稍墜，又如柏拉圖（Plato）其人也從未在以他為名的《對話錄》裡消失，而且共在共存地起立了「柏拉圖哲學」的輝煌殿堂。因此，在「莊子哲學」已成為古典中國哲學不可或缺的一員的哲學史進程之中，讓莊周伴同《莊子》，一起發光發熱，這顯然是相關學術研究的基調，縱然我們都知道《莊子》一書並非成於莊周一人之手。由此看來，肯定《莊子》文本的跨時代、跨領域，便幾乎等於說莊子哲學是跨時代、跨領域而終底於成，而說莊子乃是道家哲學極其重要的代表人物，也便是鑿鑿之言，又何須有所顧忌，有所遲疑？

因此，我們在莊子的人格風貌與《莊子》的文本風格於歷史文化長河中並肩而行且同時煥發光彩之際，一方面，我們須以無比專心、細心且有耐心的態度，來一起深入文本以重現莊子思想的眞實面目；另一方面，我們也都須準備一副滿是謝意、敬意且莊重而慷慨的胸懷，一起邀請眞眞實實存在過的莊子，來和我們展開一場又一場跨時代、跨地域、跨論域的思想盛宴，而千萬不能讓「莊子」這個無比生動活潑的人，無端地消失在他與他的後繼者共同拉起的哲學布幔之後。在此，就讓我們一起來認識名喚「莊周」的這個人，同時一起來研讀稱作《莊子》的這本書。

關於莊子的生平事蹟，漢代司馬遷在《史記．老子韓非列傳》有如下記載：

莊子者，蒙人也，名周。周嘗為蒙漆園吏，與梁惠王、齊宣王同時。其學無所不闚，然其要本歸於老子之言。故其著書十餘萬言，大抵率寓言也。作漁父、盜跖、胠篋，以詆訿孔子之徒，以明老子之術。畏累虛、亢桑子之屬，皆空語無事實。然善屬書離辭，指事類情，用剽剝儒、墨，雖當世宿學不能自解免也。

由太史公這段關於莊周其人，以及其所以著《莊子》一書緣由的文字看來，莊子生於戰國時代，應屬可信；而莊子著《莊子》一書的動機與目的，也似乎相當明確。至於斷言莊子之學本歸於老子之言，則已經為莊子思想的本原定了基調，且同時將老子與莊子合稱為「道家」，以有別於其他先秦諸子的學術公論，也顯然不必多所質疑。

此外，《史記．老子韓非列傳》也為太史公之所以將老子、莊子、申不害和韓非四家合成一思想系脈的理由，做了如下的說明：

> 太史公曰：老子所貴道，虛無，因應變化於無為，故著書辭稱微妙難識。莊子散道德，放論，要亦歸之自然。申子卑卑，施之於名實。韓子引繩墨，切事情，明是非，其極慘礉少恩，皆原於道德之意，而老子深遠矣。

顯然，這是關於先秦道家以迄刑名法家的思想發展歷程的第一手史料，而其中言及「無為」、「自然」與「道德」，分明是道家思想具核心意涵的根本觀念。由此看來，無論後世對《老子》和《莊子》二書的解讀出現了多麼大的差異性，或甚至衍生出多麼嚴重的誤讀情事，老子作為道家第一人，而莊子則為道家第二人，基本上已然是普遍的學術共識。

不過，如果只是籠統地說莊子作《莊子》一書，似乎並不足以全盤道出《莊子》一書的實際源起及成書過程。而目前今本《莊子》（郭象注）共十卷三十三篇，包括內篇共七篇，外篇共十五篇，雜篇共十一篇。此外，根據《隋書．經籍志》記載，稱郭象注的《莊子》共三十卷、目一卷，而唐代成玄英《莊子疏．序》則說郭象《莊子注》共有三十篇。當然，關於《莊子》一書的實際篇幅內容，最早的紀錄便是《漢書．藝文志》所說的：共計有五十二篇，其中內篇有七篇，外篇有二十八篇，雜篇有十四篇，解說有三篇。

如今，我們看到的只有郭象注《莊子》這個本子：共十卷三十三篇，顯然比《漢書．藝文志》所著錄的，整整少了十九篇。

至於《莊子》一書內容的眞僞問題，更是眾說紛紜。其實，世代嬗遞，歷史推演，任何古籍都難免會出現增添與減刪、附會或旁加，甚至失而復得，得而有所變更、扭曲、錯謬，以至於後人僞造等情事。因此《經典釋文．序錄》便有此一說：「一曲之才，妄竄奇說，若閼奕、意修之首，危言、游凫、子胥之篇，凡諸巧雜，十分有三。」由此看來，以吾人目前所能蒐羅到的相關材料，以及歷代各家所提供的相關論證與辨考，要想回復《莊子》一書的眞面目，已然是難上加難，甚至不可能有「定於一尊」的確鑿版本復見於世人之前了。

不過，我們仍然可以有一些基本的共識，可以在具有相當可信度的基礎之上，來論斷《莊子》一書篇章的眞僞。此一所謂的「眞僞」，狹義地說，是以「莊子所作者爲眞，非莊子所作者爲僞」，然而，如果以「莊子學派」的大範疇，來搜羅所有與莊子思想相關的材料，那麼，孰眞孰僞，就不是研究莊子哲學最重要的課題了。

後來，質疑《莊子》一書中有僞作的歷代學者一直不斷地出現，如羅勉道、宋濂、鄭瑗、王先謙、姚際恆，先後斷定〈盜跖〉、〈漁父〉、〈讓王〉、〈說劍〉四篇皆非莊子所作，甚至還進一步推斷〈刻意〉、〈繕性〉、〈馬蹄〉、〈胠篋〉等篇是僞作的可能性也不低。不過，關於《莊子》一書眞僞的最大共識，就是「內七篇乃成於莊子之手」。雖然，當代學者王叔岷認爲內篇未必全可信。此外，胡芝薪、葉國慶等人也有同樣的疑慮。

要了解莊子的思想，便一定得通過《莊子》一書。可以說，莊子思想最重要的文本材料就是《莊子》。不讀《莊子》，便不知莊子到底是怎樣的一個人，莊子其人其事，一定得經由吾人對莊子思想的探索，才可能浮現出一個比較清晰的輪廓。因此，只要一般性地提及莊子其人，都幾乎會同時論及莊子的思想及哲學。因此，縱然莊子的「生平不詳」，似乎並不妨害我們對所謂「莊子思想」、「莊子哲學」，做具有學術價値與時代意義的研究工作。

關於《莊子》一書的注解，歷代屢見，經久不息，且各有發明，各有所見。自《史記・老子韓非列傳》言莊子學說「其要本歸於老子之言。故其著書十餘萬言，大抵率寓言也」以來，「老莊」並言，二人同框，已然成爲學術之通例，至於在注解《莊子》的龐大卷帙之中，又以晉代郭象之注解最受注目，其影響也最大。而郭象所作〈莊子序〉，言及莊子其人其事，其書其言，更有其作爲學術典範的重要意義：

夫莊子者，可謂知本矣，故未始藏其狂言，言雖無會而獨應者也。夫應而非會，則雖當無用；言非物事，則雖高不行；與夫寂然不動，不得已而後起者，固有間矣，斯可謂知無心者也。夫心無為，則隨感而應，應隨其時，言唯謹爾。故與化為體，流萬代而冥物，豈曾設對獨遘而游談乎方外哉！此其所以不經而為百家之冠也。然莊生雖未體之，言則至矣。通天地之統，序萬物之性，達死生之變，而明內聖外王之道，上知造物無物，下知有物之自造也。其言宏綽，其旨玄妙。至至之道，融微旨雅；泰然遣放，放而不敖。

由上述〈莊子序〉看來，在郭象眼裡的莊子，實乃曠世奇才、千古少見之哲人。而郭象之解莊，其主旨則分別落在「無心之知」、「無爲之爲」，以至於「與化爲體」，並與物冥合（即所謂「冥物」），甚至於「通天地之統，序萬物之性，達死生之變」，而終「明內聖外王之道」，並從而知「造物無物」及「有物之自造」等具關鍵性意涵的意義脈絡。由此可見，郭象乃以「自然」為「性」，以「獨化於玄冥之境」而至於「曠然有忘形自得之懷」及「去離塵埃而返冥極」等超然於吾人言詮之外的默然神會之理境，為終極之人文理想與生命關懷。

整體看來，郭象之注莊，乃歷代最全面也最具代表性與影響力的《莊子》注本，縱然郭象自有其作為一代玄學家，而有其為莊子思想進行創造性詮釋者的自我主張，此乃郭象運用其詮釋之自由與能力，以及其獨特之視角與方法，所獲致的自家觀點，例如他特重「自然」之說與「性分」之義，而因此引起後世諸多爭議。因此，陸德明謂郭象注莊「特會莊生之旨」，應只能是在一定的程度與範圍之內，才有其相對應的意義效應可供吾人繼續予以檢索並作為參考之意義係數。

到了清代郭慶藩作《莊子集釋》，將郭象之注、陸德明之釋文、成玄英之疏，三者合而為一，以供後人對勘比照，則另有其作為注釋大家的貢獻。王先謙為《莊子集釋》作序而有如下之言：

> 彼莊子者，求其術而不得，將遂獨立於寥闊之野，以幸全其身而樂其生，烏足及天下！且其書嘗暴著於後矣。晉演為玄學，無解於胡羯之氛；唐尊為真經，無救於安史之禍。徒以藥世主淫侈，澹末俗利欲，庶有一二之助焉，而其文又絕奇，

> 郭君愛翫之不已，因有集釋之作，附之以文，益之以博。使莊子見之，得毋曰「此猶吾之糟粕」乎？雖然，無跡奚以測履，無糟粕奚以觀於古美矣！郭君於是書為副墨之子，將群天下為洛誦之孫已夫！

所謂「副墨之子」與「洛誦之孫」皆出自《莊子・大宗師》，是莊子用來譬喻世間之文字與語言乃吾人聞道、體道以行道、修道的初階與方便。然而，無論詮釋的向度及其意理結果如何，就目前流傳的種種《莊子》注本看來，郭慶藩的《莊子集釋》仍堪稱是最完備最周延的版本。

至於《莊子》一書的意理內容，則是以《莊子》內七篇的先後脈絡爲主軸。可以說，內七篇之篇名由劉向、劉歆父子勘定，實自有其深意，而內七篇之次第安排，也在相當的程度上，將莊子的思想次第與理論層級，做了有條不紊、井然有序的安排。

首先，〈逍遙遊〉開宗明義，一方面揭顯莊子乃志在自由自在地「遊」於天地之間，彷彿一個「遊」字，就能掀開莊子哲學的底蘊。另一方面，〈逍遙遊〉運用大鵬與小學鳩之間的大小對比與高低對峙，突顯吾人身在天地萬物之間，所不能不面對的生命難題——只因吾人此生在世總是在種種條件所組合成的特定情境裡，意圖尋找個人生活的出路以及生命的活路，而「逍遙」所明示的生命大自由，實須由吾人進行自我之超越，才可能實現莊子理想的人格典型——「至人」、「神人」與「聖人」。由此看來，莊子謂「至人無己，神人無功，聖人無名」（《莊子．逍遙遊》），不就已然肯定生命內在之動能，乃在於突破自我之設限，以及人世間種種功利與名聲所構築的藩籬？

其次，〈齊物論〉則旨在深究「平等」之眞諦。而「平等」作爲具有道德與倫理意涵的原理，實自有其難以測度的意義效應。因此，莊子在〈齊物論〉裡，首先示現「吾喪我」的生命眞工夫，並由此展開對人間種種言語、思想、意識與情欲相互糾結的解析與剖判，終於一路邁向「天地與我並生，而萬物與我爲一」（《莊子．齊物論》）的齊同之境，以包容一切之分殊、差異，以及種種之對立與紛擾。

接著，第三篇〈養生主〉，顧名思義，乃旨在涵養吾人生命之眞精神，而所謂「生主」，意即「眞精神」、「眞性情」，亦即吾人生命內蘊無窮無盡之自主之力與自由之能——神乎其技的「庖丁解牛」，用刀十九年，刀仍如新磨一般鋒利，只因它「以無厚入有間」。「無厚」者，精神也，乃「道」在吾人生命中之體現；而「有間」即此一無可範限的天地，吾人大可俯仰其間而來去自如。至於面對生命之大限——死亡，吾人則應「安時而處順」，以「生」爲「時」，以「死」爲「順」，生死自是一自然而然之歷程，吾人無論如何不能拂逆之，更不能顚倒之。看來，世間一切苦痛，不都是吾人無端「倒懸」自我的自作自受、自食其果？

至於第四篇〈人間世〉，則直接明示吾人身在天地間，而此生始終在人我之間來回奔忙。潘安仁〈秋興賦〉注引司馬彪云：「言處人間之宜，居亂世之理，與人群者不得離人。然人間之事故，與世異宜，唯無心而不自用者，爲能唯變所適而何足累。」由此，莊子乃一心歸向靜寂，而終以靜制動，寂而能應，是所謂：「若一志，無聽之以耳而聽之以心，無聽之以心而聽之以氣。聽止於耳，心止於符。氣也者，虛而待物者也。唯道集虛。虛者，心齋也。」（《莊子．人間世》）接著，爲了人我之間的倫理場域能夠逐次展開，莊子又於〈人間世〉如此提醒世人：「天下有大戒二：其一，命也；其一，義也。子之愛親，命也，不可解於心；臣之事君，義也，無適而非君也，無所逃於天地之間，是之謂大戒。」原來人生在世，自有吾人應守應盡的責任與義務，而如何「轉命爲義」，如何在先天之「命」與後天之「義」之間，有所承擔、依循、堅持與期許，更是吾人義不容辭，且必須念茲在茲的原則與理想。

至於第五篇〈德充符〉，莊子則轉而以「德充於內，必符應於外」爲主題，一方面推崇眞人與神人，一方面則同情地理解世上身體殘缺之人，認爲吾人活在「道與之貌，天與之形」的天地之間，當效法魯國的「兀者」（因受刑而被斷腳的人）——王駘，此人竟然有如此之修養：「審乎無假而不與物遷，命物之化而守其宗也」（《莊子．德充符》），而因此「視喪其足猶遺土也」，因爲兀者王駘已然「不知耳目之所宜，而遊心乎德之和」，如此乃能「不以好惡內傷其身，常因自然而不益生也」（《莊子．德充符》）。由此可見，莊子顯然有一基本信念：「有道者必有其德，有德者必有其道」，而道、德之間的連結與貫通，終究要由人而天，同時由天而人，並且還諸天地，以回應人間，而終回歸吾人此一眞眞實實的生命自身。

到了第六篇〈大宗師〉，莊子則明白揭示「以道爲宗師」的究竟之理。因此，莊子乃確信「有眞人而後有眞知」，而終理解「死生，命也，其有夜旦之常，天也」的自然本然之理。同時，人我須兩忘，是非終雙遣，而後才能通達「大塊載我以形，勞我以生，佚我以老，息我以死。故善吾生者，乃所以善吾死也」（《莊子．大宗師》）的生死智慧。而這不僅是聞道修道者的眞心告白——如女偊之回應南伯子葵，一路由副墨之子、洛誦之孫的語言文字層次，依序經瞻明、聶許、需役、於謳的知解、體驗，以至於付諸行動與實踐的次第，而終上達玄冥、參寥與疑始所示現的「與道冥合」的密契之經驗——這不就是眞人與神人所體現之究極而神祕的生命奧妙？

最後，在爲內七篇作結的〈應帝王〉裡，莊子請出壺子和季咸兩人，來了一場精彩的「鬥法」，結果是壺子以「未始出吾宗」（郭象注云：「雖變化無常，而常深根冥極也。」）的生命本初狀態，嚇退了那個只是一味在生命表象裡打轉的算命專家。如此，莊子乃依「壺子四示」，肯認「無爲名尸，無爲謀府，無爲事任，無爲知主。體盡無窮，而遊無朕」（《莊子．應帝王》），而由此嚮往「至人之用心若鏡，不將不迎，應而不藏，故能勝物而不傷」（《莊子．應帝王》）的保生全生的生命極致之境——「不藏」與「不傷」看似消極，其實已然積極地和盤托出吾人生命之整體風貌，而內七篇之終於「渾沌之死」的寓言，其實與莊子此一生命整體觀與生命機體論同一立場、同一觀點——渾沌因被鑿了七竅而死亡，不就明示：若吾人能夠不沉溺於耳目感官的欲望中，縱然吾人終須面對生命之終結，吾人又何所驚？何所懼？何所畏？的確，吾人是應自許爲自立、自主、自尊之「自我生命之帝王」，而不可自甘爲外物之奴。唯有如此，渾沌之死作爲吾人生命之最大警訊，或許便是莊子哲學之所以爲「生命哲學」的意趣所在！

由上述內七篇先後通貫的意理脈絡，作爲莊子哲學跨時代、跨領域的具體佐證，所一路蜿蜒而來的開闊理路，緊接著便是外篇（共十五篇）與雜篇（共十一篇），而之所以謂之「外篇」與「雜篇」，顧名思義，基本上是因爲它們可能不是莊子所作，甚至已有幾乎確定是後人所撰作的篇章，如〈天下〉篇，但是從它們的實質內容看來，卻仍有不少的文字、觀念以及其中內蘊之思想，可以和內七篇相互連結，甚至已然是內七篇的思想延展及其實際之應用與轉化。

而由《莊子》外篇與雜篇涉及倫理意義的相關內容看來，「順天應人」實爲人間之至德，而唯有至德，才能有至樂；而由自然而無爲，或由無爲而自然，則是「調理四時，太和萬物」（《莊子．天運》）的唯一法則。顯然，讓天地回歸自然，人間才可能無事而太平。由此看來，莊子並不是一味沉溺於客觀界的自然主義者，因爲他最大的人文關懷乃在於以人道配天道，以人德應天德。因此，聖人所以能夠自在人間而爲至高之人格典範，即緣於聖人以其無爲、無事、無心的態度與高度，來治理天下，順應萬物，而治理與順應之間原本無間無隔，所謂：「天無私覆，地無私載，天地豈私貧我哉？」（《莊子．大宗師》）其中，莊子所顯豁的大公之心、平衡之理與普遍之德，恰恰就在天人之間、無礙無阻之際。

就歷代道家的精神傳統而言，說莊子哲學已然屹立於中國人文之學的高峰，應不是虛言，而莊子一再回應人間倫理與世上道德之呼求，並因而不斷地對弔詭的人文命題，例如道與名、言與默、義與命、生與死等雙向（可正可反、可順可逆）之思考，以及由此所引發的道德兩難，展開其立基於以「道」與「自然」二合一爲其終究之理的反思與省察。特別在道論與氣論兩面加持之下，莊子更站上了中國傳統人文思想的特殊位階，而因此參與了古典人文心靈與人文空間的共構與再造，其所貢獻的心智更已然築成了堅實而開闊的條條大路，一逕探向「道未始有封」的無比美好人間願景。

如今，《莊子》依然是本奇書，而莊子也依舊是個奇人。在當代經由古今對照、東西對比的思想會通之歷程，所構作出的種種人文大系（也可說是「人文大戲」）裡，莊子仍然是不可或缺的角色，依舊唱著一齣齣精彩的戲，而《莊子》一書也通過歷代的注解與研究，以其滿溢著人文趣味與智性意義的篇章，在現代跨領域的博雅之學廣大且精微的思想脈絡裡，繼續發光發熱。

就老子與莊子的人文關懷與哲學思考二合一的廣闊視角看來，道家的跨領域，顯然有以下兩個基本的面向：

一、哲學內部理路的跨領域：《老子．第一章》：「無，名天地之始；有，名萬物之母。」其中，所謂「無」，指向的是「道之爲體」，即以「道」爲一切存有、一切價值之形上基礎，乃屬於傳統哲學的「本體論」；而所謂「有」，指向的是「道之爲用」，即以「道」爲萬物實存與生成的普遍原理，則屬於傳統哲學的「宇宙論」。由此看來，老子心目中的「道」，已然跨了哲學原初的兩個基本論域，至於「道」之爲修身養性之道、爲政治國之道，則又跨了倫理學與政治哲學這兩個哲學應用（應用哲學）的主要領域。此外，莊子對認知活動有所懷疑，因而進一步對吾人認知之是與非，以及語言之眞與假，展開全面性的批判：「未成乎心而有是非，是今日適越而昔至也。是以無有爲有。」（《莊子．齊物論》）這顯然是對吾人作爲詮釋活動之主體，當如何運用詮釋之自由的反思與覺察。《莊子．齊物論》又言：「既已謂之一矣，且得無言乎？一與言爲二，二與一爲三。自此以往，巧曆不能得，而況其凡乎！」如此警覺「後設語言」（metalanguage）與邏輯思維可能肇致的意義難題，實爲哲學史早發的先見之明。同時，莊子還轉心向人文與自然之間，進行其批判思考，也在自我（the self）與他者（the other）之間，揭顯了充滿存在意義與境遇意義的倫理課題，而他特別關切對自我與他者互爲主體的關係，並設法跳脫種種封閉之思考及種種本位主義的意識型態，同樣值得我們通過跨領域的思考模式，予以深入而具綜攝性與開放性的探討。

二、涉足哲學學門之外的跨領域：如今，在人文學（humanities）與社會科學並駕齊驅的學術態勢之中，我們其實還可以運用人文學與社會科學專業的理論與方法，來開發道家哲學內蘊的人文理念，進而將其接引至現代學術的疆界之內，以試圖再啟吾人智性之能與想像之力。例如老子言及「小國寡民」，其所構思的權力運用與國家治理的模式，顯然可以對當代政治學有所啟發；又如莊子提及吾人情感之型態與效應，如其言「喜怒哀樂，慮嘆變慹，姚佚啟態」（《莊子．齊物論》）等十二種型態的情緒對吾人認知活動的負向影響，顯然可以提供當代認知心理學與變態心理學研究的參考。至於莊子對生態環境的關懷，其所透露的機體主義思考，以至於倡言「萬物皆出於機，皆入於機」（《莊子．至樂》），則似乎是以一種富含「整體主義」意味的特殊的存有論，對當代所有關心人類與其他存在之物，如何共在共存的環境之學與生態之學的理論構作與觀念導向，提供了相當豐富的意理資源。由此看來，道家之學雖不是一種專業的人文社會之學，但對吾人之爲「自我」之個體存在與人類社會之爲一大集體（群體）之存在，道家的用心卻不曾稍歇，因此將老子與莊子有關這些學術領域與論域的原初性思考，予以全面的揭發，並將其依然活躍的意義因子，融入於講究嚴格性、分殊性與律則性的現代學術思考之中，理當有助於當代人文社會學科與學門的開放、擴展，以及眞實而有力的強化與壯大。

整體看來，親歷《莊子》文本的意理脈絡，乃是眞正認識莊子，眞正洞悉莊子哲學的唯一路徑，而回返文本以親睹「莊周風貌」，並非單憑一般的注解與詮解就能做得到。因此，在歷經千年的文字傳承與意義延展之後，《莊子》一書已然跨時代、跨界域，同時跨了人文之學的多重意涵，而且還跨了哲學理論及其系統組構的多元面向，就如莊子自言「道通爲一」、「和之以天倪，因之以曼衍」、「忘年忘義，振於無竟」（《莊子·齊物論》），以至於「安排而去化，乃入於寥天一」（《莊子·大宗師》），這一方面是生命境界的向上遞升，另一方面，這似乎也可以用來形容莊子哲學始終不廢其言，始終不離其人的光暈擴散與色調渲染，如同雲開日出，也彷彿夕暉流被，總是教人讚嘆不已。

第五節　道家哲學的當代意義

在中國哲學思想發展的歷史進程中，歷代道家人物的出現及其思想的輾轉流傳，顯然，一方面接續先秦原始道家（以《老子》與《莊子》為主要的哲學文本）的根源性觀念，展開了有本有據的意理探索；一方面則因坦然面對歷來人文思想的遷變，而因此做了具有道家意理內涵的回應與創發，進而主動迎向相關問題，進行足以望向未來的哲學更新，以及兼具破壞性、建設性的理論重構與系統再造的工作。

誠如筆者於〈道家哲學研究在臺灣的回顧與前瞻——以莊子哲學研究為例〉一文中所言：「問題意識的醒覺與對比思考的運作，實乃吾人既措身於古今之間與東西之間，從而試圖將古老的傳統性文本，銜接上正活躍於此時此刻的現代性觀念，所不能或缺的學術配備。」因此，如果我們願意誠實面對道家哲學內藏的問題意識，並從而在古今對比與東西對比的思考路向延展之下，逐步地揭顯道家哲學的當代性、應用性、實踐性與普世性，則一方面實不能自甘於以歐美哲學為中心之人文版圖的邊陲，一方面是可奮起於此時此地的學術畛域之轄限，進而打破分科理論所設定的種種概念性藩籬，以再啟

「新道家」的思想動能，並由此顯豁其豐厚的人文意涵與哲學意義。

在關注道家哲學未來發展的殷切之情牽引之下，我們顯然可從以下三個意理面向，來試圖了解道家哲學所能揮發的當代意義：

一、體現「自知之明」的愛智精神：如今，在人文式微之際，哲學思維也同時面臨一再被重構、被轉化，甚至被裂解、被稀釋。不過，只要「愛智」的精神不死，則眞實的哲學便將可以繼續存活。面對此一時代變局與思想困境，老子揭露的「道」及其多元且開放的意義屬性，正可用來對治當代由於「自我」與「主體」交相爲用，所滋生的種種意識型態（意底牢結）。《老子・第三十三章》云：「知人者智，自知者明。」即旨在探索「自我」之存在所已然蘊積並涵化而成的「主體性」——此即吾人亟須自覺自省、自啟自發的存在底蘊，而其眞實意義之呈顯及相關價值之體現，則須經自我修爲、自我提振與自我超越的實踐之道，才可能竟其全功並圓滿其德，而光彩煥發。此外，在愛智且樂道的精神引領之下，莊子高倡「吾喪我」的心靈解放與精神發揚，一路從形軀之我、意識之我、認知之我，上達於自覺無障之我、眞實不假之我。方東美曾大力肯定莊子此一「吾喪我」的精神境界及其相關的修養工夫，由此，他乃闡明莊子所言之「自我」，共有上述之五層次，而其中所透顯的深廣意趣，實值得吾人終身玩味。同時，也大可將其貫注於當代人文困境，從而轉為群我倫理所需的觀念性養分。②此一生命活路與精神出路，甚至可會通於自我與他者之間互為主體的人文廣袤，而終揭露存在奧祕與生命鵠的二合一的終極之理、整全之性與究竟之智——此一價值上升之路與人格培成之道，恰恰是莊子可以對當代身心之間的整治與人我之間的調和，有所激發、啟導及引領的珍貴智慧，而其足以應用、踐履，以至於擴展、綿延、創造的種種意理資源，也正等待我們協力合作，以展開全向度的開發與探勘。

二、實踐「人我交遇」的關懷倫理：縱然道家哲學及其倫理向度，並非以一般之德行論為其核心，然而，在天地萬物一體共存的真實情境之中，老子、莊子充滿人文意識與人道關懷的入世性格，卻已然透顯出道家哲學所寓含的「此在」、「現在」與「實在」三合一的意義因子，而其不受特定時空環境羈絆的超然之姿與形上之趣，則同時印證了「因此而在」、「現身而在」及「真實而在」的三層意趣。而如此層層遞升、階階而上的還原與回歸，其實並不只是理論的鋪陳，也不是單憑概念與邏輯的思考，便能闡明此一生機淋漓的共存共在之總體。當然，如果能夠融合莊子〈逍遙遊〉的自由精神與〈齊物論〉的平等原理，我們顯然就大有機會昂首進入無

② 方東美《原始儒家道家哲學》，臺北，黎明文化事業股份有限公司，一九八三年，頁二六〇—二六五。

比開闊、無限深遠的生活世界，而其中人與我之交遇、道與物之交接，便將如《莊子・齊物論》所言：「道行之而成，物謂之而然。」漸進而來，逐步而至，畢竟順應自然之理，而終入於人文通達之境。如此一來，我們便將可以盡力消解人我之間種種的私心私欲，並用心蕩除諸多成見與偏見交織而成的意識型態，而出「議而不辯」轉爲「論而不議」，再由「論而不議」轉入於「存而不論」的泰然自若與優游自在，終培成開放的心靈與大度的襟懷，以無私之態度平等看待世上一切之人，並用公義之德涵化功利與效益的多方積累，建構出人我交遇且溝通無礙、相互關懷的新倫理與新道德。然而，在當代諸多人文變局，導致乖違人道、扭曲人性的倫理境況裡，世風吹拂之下的道德光景竟出現了難以逆料的詭譎風雲。而如今在全球疫情逼迫之下，人人舉目可見，甚至已然切身遭遇前所未見的集體災難與禍患，如貧富之間的差距持續拉大而釀致的不公與不義、網路與雲端多方匯流而成的數位虛擬之態勢正全面壓境，在在侵蝕著人我之間原本赤誠坦然的情愛理路及互通、互信、互惠的社會經脈。此時此刻，我們置身此一新世紀、新文化與新觀念不斷交遇的種種境況，顯然大可參酌莊子既能尊重個體之爲小我，又能大方迎向群體之爲大我的慷慨與寬容，而終發揮兩行無礙、互爲彼此的均平之義，並踐行足以顧全大局且關照一切的慈愛之德。

三、闡明「天地和合」的機體主義：如今，科技思潮無人能擋，而任何人也都很難抵擋住科技產物的誘引。不過，在自知自明，以至於人我交遇、相互關愛的情境倫理一再變現其實然與應然交錯之境況的生活歷程中，我們又當如何突破人文精神與人文思考的畛域，而將吾人思想與意識的觸角，伸展向無垠亦無限的意義網絡，甚至由此而延展向具整合性的世界，以及具超越性的未來，實在是一項攸關人類永續生存的艱鉅課題。就道家的存有論與宇宙觀而論，其核心概念：「天地」與「萬物」，實已超乎人文主義思維的封限，而它們並非由一般「定義法」的思考而來，也不是滯留於主詞與謂詞的二元邏輯所能推想。由此看來，《莊子・齊物論》云：「天地與我並生，而萬物與我爲一。」其所創發的廣大、開闊而無窮無盡的系統，便不僅止於一般執著對象的因果論系統，或是一味地求索最後標的的本體論證。顯然，莊子此一融天地萬物爲一體的整全觀，其實已然是「道通爲一」（《莊子・齊物論》）的境界，而這一方面是以「道」乃具根源性與基礎性的原理爲前提，其意在依循老子言「道」所建立的「對立而和諧」與「循環而往復」的律則，實昭然若揭。另一方面，比起老子，莊子更往前推拓出「萬物皆出於機，皆入於機」（《莊子・至樂》）的素樸機體觀，雖然他的萬物發生論仍大多出於直觀與想像，然而，其所透顯的具原初性、根本性、整全性的無可測度、無比奧祕的生態觀，卻仍然值得當今所有關切人類與此一人類所存活的世界，當如何共在共存、共生共榮的環境倫理、生態倫理的有志之士有所比對，有所參照；而莊子「道未始有封」（《莊子・齊物論》）的思想的鉅觀與心靈的宏觀，或許仍然可能對那些不慎落入理論窠臼與系統牢籠的專家們，起一些提點與警醒的作用。

總結地說，道家思想確實充滿著古典智慧，已然無庸置疑，而它尚待我們挖掘其所蘊含的現代性意義，以及其仍然可能顯發出具機遇性與關鍵性的情境思考、策略思考，以至於具效益性意義的批判思考，在在是我們試圖揭露老子所以倡言「天長地久」（《老子・第七章》）與「出生入死」（《老子・第五十章》）的深沉的用心，所必須繼續鑽探研磨的人文論域與哲學論題。

第二章

人文篇

道家思想作爲一種文化覺識與哲學慧識，顯然順理成章，而原始道家的代表人物老子與莊子，對其所處的時代、社會，以及其中所不斷變現的人文現象與人性變局，所進行的反思與批判，更是古代人文化成歷程中難得一見的觀念啟蒙、心靈革新以及哲學的改造。因此，藉由勞思光對文化覺識、哲學慧識，以及由此所挺立的主體自由，所進行的考究與探勘，吾人當可進一步斟定道家哲學的思維取向與基源問題，並從而開發道家思想內蘊的人文性、倫理性與未來性，終探入道家人物自始便矢志從事人文重建、道德整飭與心靈更新的眞實的用意，而如此邁向未來的哲學思考又怎麼會故步自封、畫地自限而竟遲遲不前？

第一節 文化覺識、哲學慧識與主體自由

一、文化覺識的蓄養之道

就哲學的根本看來，哲學之問題自始便連結著各式各樣的文化問題，而文化問題實自有其特殊性與共通性。然不論從文化的特殊性或共通性看來，人作爲文化之主體，殆無疑義，而那迷濛不明且渾沌未開的原始心靈，終須在人之自覺努力之下，獲致思想的啟迪與理性的啟蒙，而後方能有其創生文化之自覺與動能。如此一來，人之由自然之生活進於文化之生活，才可能有適時、適地、適才的機緣與助緣。

在此，就以古中國文化之滋養古中國哲學的歷史境遇爲例，來檢視「文化覺識」對哲學之創造所起的實際之作用。而勞思光自始便在文化與哲學的二重性之間，發現並證成此一二重性所具有之創造性的張力，對一民族的哲學思想之出現，著實提供了充分而有效的助力。因此，一心關切「哲學究竟能否有助於文化發展」這個千古難題的哲學家——勞思光，即本著這個文化知見與哲學慧識，對古中國文化傳統的形塑歷程，做

了十分深入且全面的探究，他因此發現古中國北方之周文化傳統之由「天命」轉入於「德」或「敬德」之觀念，即是「文化覺識」所起之實際效力。而「文化覺識」即是一文化之人共生共成之主體意志，勞思光乃以爲「此種強調人之自覺努力之思想，乃周文化之第一特色」①，他於是如此斷言：

> 由強調人之主宰地位，必生出改造自然世界及生活之要求。此種要求在周人即表現為建立禮制，創生一種文化意義之生活秩序，以規範自然生活之努力。周人之「德」觀念，倘若逆溯而上，則可通往一道德哲學。②

顯然，人之自覺爲社會之主體、文化之主體、思想之主體，以至於哲學之主體，實乃人文化成以開發一切屬人之意義與秩序之關鍵所在。

關於勞思光對「文化覺識」的認知與理解，吾人應可從兩個面向來加以論析：其一，勞思光如何客觀地闡述有關於「文化覺識」的眞實意涵。其二，勞思光如何揭顯其

① 勞思光《新編中國哲學史（一）》，頁七十。
② 前揭書，頁七十。

自身之「文化覺識」，以突出其作爲一哲學家的特殊之立場與獨到之見解。在此，且先就「文化覺識」所以發生的客觀意義，來闡析勞思光的文化觀（亦即其自成一特殊脈絡的文化哲學）。而「文化覺識」對勞思光深富歷史意識的哲學思考向度而言，其主要的意義面向，乃在於它提供了吾人之自覺，爲一一獨立自主之人的具體資源與機會，正如勞思光云：

> 對權威的畏服，對神祕的懷疑，刺破原始迷濛，可是這還不能形成什麼具體結果，具體的結果是需要另一個內在的條件。這個條件就是原始人的自覺意識。原始人是過著夢一樣的生活的，可是他們有自覺的活動，因此也有自覺意識。這種自覺意識是價值觀念在發生過程中的幼芽（注意：只是發生過程），他們不自覺到獨立的善惡是非問題，但有自覺的活動，便有一種追逐。他們追逐的只是一種獲得。③

如此斷言「自覺意識是價值觀念在發生過程中的幼芽」，實是充滿歷史感與文化感

③ 勞思光《文化問題論集新編》，香港，香港中文大學出版社，二〇〇〇年，頁四。

的哲學論見，而價值觀念又是推動文化與文明向前進展的主體性動力，對此，勞思光更進一步延展出下述之論見：

談到這裡，有一點我覺得應該說清楚的，那就是所謂西方文化不以價值意識為基石，並不是說西方人無價值觀念。凡有自覺活動，則必有一方向，而定向之力源自價值意識。故一切自覺活動本性上皆是由價值意識推動者，西方人之自覺活動亦不例外。但這並不與我前面說的話牴觸，價值意識雖永存在自覺心靈中為最後動力，但自覺活動如不住於最高自由之境，則價值意識即不能獨立朗照，換言之，主體如降入實然域，則價值意識即將失去「為主」之地位。現在西方文化本身是一重智體系，即以智性的思辯為基礎，於是主體一直與客體對立，於是價值之決定亦隨而陷於主客關係之下。這是重智之所以為重智，亦我所以說西方文化不以價值意識為基石的原因。西方文化既一方面和別的自覺活動一樣，並不能屏棄價值意識的動力，而另一方面又以主客的關係性為基礎，則有一結果，是必然而無可避免的，這就是以知識決定價值，以智來決定德。④

④ 前揭書，頁二十—二十一。

在此，勞思光明言「價值意識永存在自覺心靈中為最後動力」，即旨在確定文化與思想必須有源有頭，有根有本。而勞思光幾乎是帶有些許警告意味地重重下了這個斷語：「主體如降入實然域，則價值意識即將失去『為主』之地位。」確實，在人類通過自覺而能展開文化與思想的生發與創造的過程中，如何決定文化發展的方向，如何確立人文理想與哲學思想以共創人類生活之新局，在在是「自覺心靈」所以不可或缺的重要緣由：

自覺心靈永遠要作有向性的活動。在重智精神籠罩下，心靈陷於關係境域中。在關係境域中，本來只有決定關係，沒有方向或價值問題。但自覺心靈仍要找方向，找價值基準。結果它能找著的只是感官享受的標準！用感官享受作價值標準是西方文化精神本身的分立性的必然結果。⑤

勞思光如此批判西方文化，即是立基於其自身之「文化覺識」，以對應於「用感官享受作價值標準」的西方文化精神之分立現象——這甚至已然不只是「分立」，而是一

⑤前揭書，頁二十五。

種歧出、一種淪落、一種難以對治「關係境域」裡的種種問題的無能狀態。由此看來，勞思光對「西方文化精神」之覺識與批判，自是其文化自覺、自立、自主的作爲，而其對自身之文化覺識的揭顯，亦即「文化覺識」之作爲一「自我」之主體性，實乃不言可喻。此外，勞思光遙指西方文化精神之作爲一「他者」，並予以具特殊性，甚至具有客觀性之批判（其間，勞思光的文化態度則已然有點超然，有些旁觀者的意趣，並且突出了些許嚴肅看待的況味），則與其自身作爲一具文化感與思想力的主體相映成趣。

當然，勞思光畢竟是立定腳跟站在中國文化與中國哲學的基點上——此即「此」，彼則「彼」，而在彼此之間，亦即在中西之間，勞思光即以中西各自有其文化發展，因而存在著實質差異的文化覺識與思想脈絡爲前提，展開了如下對中國文化的反省：

> 和西方文化精神相反，中國文化在初露頭角時，所強調的不是「世界由什麼構成」的認知問題，而是一個生活秩序的問題。生活秩序即是中國自周以來所謂的「禮」。禮包括典章制度，亦包括行為規範，這是人所共知的。這一個字的意義也屢有演變，現在我們不去多說。我們要說明的只是禮所具的特性。首先，講求禮，追尋生活秩序，是與捨離的希伯來精神完全不同的。這種活動所預認的觀念，不是超越的絕對權威和負原生罪惡的現世，而是一可改造及應改造之現世及

一為改造活動所憑依之理序。但它雖預認此理序，卻不是認知的意義，此一理序仍歸於最高之大主，而此最高之大主又直接通至現前之任何心靈。由此，此理序並非自然的條理關係，而是主體欲實現之法式，其內容與自然之條理關係雖可相重合，但另有一形式的活動條件。由是，創建生活秩序之精神又與希臘之認知自然條理之精神迥異。⑥

由此觀之，中國文化之重生活秩序，以至於具倫理性與道德性之理則與典範，乃是其迥然不同於西方的歷史與文化偕行並進的結果；其中，中國人對生活秩序以至於生活世界本有之律則與規定之自覺，即是推動中國文化與中國哲學的一大歷史動力與文化能量。

然而，勞思光對中國文化之批判，亦毫不留情（此自是其作爲一充滿智性意趣的哲學心靈引領所致）：

⑥ 前揭書，頁四十八。

由此，儒家既忽略複多主體之並立境域，在認知活動上，遂亦造成一大漏隙。知識之特性本在於主體間之傳達，此種傳達性決定知識之為知識，否則，一言說之意義倘不能有傳達中之確定性，則不能算作嚴格意義的知識。今儒家不顧此一境域，由此，認知活動之本性及其規序架構不能朗現，而立言者多喜訴於受教者的靈悟體察，而不重嚴格之傳達，於是認知活動自身之領域無由安立，而只能從屬於德性。認知活動既因複多主體之並立境域之被忽略而被降屬於價值活動之下，重德精神遂不重嚴格知識。這是認知活動與價值意義之主從關係如此確定之後果。⑦

由此一先行深入儒家之意理結構與心智機制，而後所進行的嚴格而獨立之判斷，乃進而溯及「文化之個性」與「文化之大本」，則又是勞思光處心積慮建立其文化觀與文化哲學的一道活路：

⑦ 前揭書，頁五十一。

倘若你的自覺意識已陷入重智精神的封鎖，你當然不能把握重智精神的特性。要明白這些特殊的文化個性，你非得上通至文化大本不可。這是一個大超越，不超越你便不能看明白，更別說重新建立了。但超越和通達大本的可能，正與自覺意識同在。因此這並不是可論難易的。而且這兩個體系的病態，也不是太隱祕的，只要你探索，你就可以得看真相。⑧

顯然，勞思光此一諍言已十足可以讓他成為現代新儒家極其重要的益友、諍友。若而由此對應於西方人文大家卡西勒（Ernst Cassirer）的觀點——卡西勒從人類超出「一己之意見」的解放與自由之精神，而上達於「我」與「你」的對反、對立，以至於相互對照以共存共在的關係境域，他於是強調「我」與「你」之區別最終並不妨我與你之彼此交融，以至於彼此共存；而卡西勒此一文化覺識，與勞思光自養、自造、自成的文化覺識恰恰可以東西輝映：

⑧ 前揭書，頁五十八。

只有思想（Denken）能為吾人提供答案：因為在而且只在這裡，人類才可以掙脫其個體性之枷鎖。人類再不只順從「一己之意見」，而卻能理會那普遍的與神性的。⑨

卡西勒又言：

> 然而，只要我們不再把「我」和「你」視為兩個本質上為分離的存有，而把我們自己設想為「我」與「你」在處於一種於語言或於任何其他一種文化形式中展開的交互溝通（Wechselverkehr）之中的話，則上述疑慮便立即消失。這是一項最原始的基本活動：語言之使用，藝術的構作中，和思想與研究的過程，它們都分別表達出一種獨特的活動，而所謂「我」和「你」，都是在這些活動中藉著同時互相區別而產生的。因此，由於所謂「我」和「你」都是處於言說活動、思想活動和其他各種藝術表達活動的統一性之中，它們乃是彼此交融，彼此共存的。⑩

---

⑨卡西勒著，關子尹譯《人文科學的邏輯》（*Zur Logik der Kulturwissenschaften*），臺北，聯經出版事業公司，一九八六年，頁六。

⑩前揭書，頁八十。

由此可證，心繫西方文明的卡西勒和立足東方的勞思光雖各自在相差而有別的文化發展脈絡中成長，而終分別成爲一卓然獨立的哲學家，但他們所一心嚮往的，仍然是異曲而同工、殊途而同歸的思想前景與文化願景，而他們正向地看待文化活動的多元性、交互性與流動性，以及「人」在自身之經驗與由自身之心靈所折射而出的哲學思維，此二者共同決定吾人之本性，甚至因而企圖獲致有關人類之「本質」的雄心壯志，則已然可以讓始終處在種種語言與符號的分分合合之間的我們，進一步來經驗本身之經驗，進一步來思考自身之思考，而因此正反兩面都不被忽視，也都可以充滿敬意地進行具有豐厚文化覺識的必要的主體之省察及客觀之覺知，如卡西勒之言：

> 文化源源不絕地不斷創造出嶄新的語言符號、藝術符號和宗教符號。科學和哲學乃必須把這些符號語言之各種成素分解出來，以便使其自身成為可以被理解。科學和哲學必須把那些透過綜合而造就出來的以分解的方法予以處理。此中乃存在著一無休止的流動與回流。⑪

⑪ 前揭書，頁一三七。

而由此一充滿哲學慧解的文化觀點，卡西勒又進一步推論出如下之觀點：

經驗和思想，經驗觀察和哲學思維在這裡都站立在同等的地位之上。因為兩者之所以能決定人類之「本性」（An-sich）的，莫不是透過此一本性之所表現出來的現象。經驗觀察和哲學之所以能獲得有關人類之「本質」（Wesen）之知識，都是因為它們可於人類文化中，和以文化這一面鏡子去從事省察，然而它們卻不能把這一面鏡子倒轉過來去看看其背後到底有些什麼。⑫

卡西勒如此以文化為鏡所宣示的意趣，和勞思光一心關切中國文化以至於人類文化的理趣，顯然足以相互對映，而儘管身各有所屬，心也各有所繫，但二人對當代文化的真切的感受，以及對哲學未來願景的深刻關懷，其實並無二致。

---

⑫ 前揭書，頁一六九。

二、哲學慧識的發揚之道

既已步上歷史意識與文化覺識二者融通爲一，兼有精神取向與哲學取向的生命道路，勞思光乃一方面熱切反省「中國路向」之問題，揭櫫「中國困境」形成之因，以至於「中國之反應」所隱藏的幻想，以及由此導致的當前諸多難題。⑬然而，勞思光並不是一文化悲觀論者，因此在他關切自身所處的社會與政治之變局，並由此以近乎針砭的思考方式來揭露所謂「路向的意義」之後，他甚至做了「路向的擬義」，而全心以「掃除幻想，確立共同目標」爲職志。⑭如此具有理想高度、強烈現實感，以及實踐之意向，恰正是勞思光的哲學工作自然而然的擴展與延伸，而其中所飽含的哲學慧識，以及其中多元、豐盈而活力充沛的思考力道，則始終由思想核心向四面展拓，並由理論之礎

⑬勞思光此一心路與理路，一方面相當地曲折有致，一方面則理趣盎然，而有十足的時代感及責無旁貸的使命感。勞思光對此一攸關「中國之路向」的多層次之思考，由中國路向問題之形成，以至於剋就「共產主義運動生出的問題」與「中國傳統自身生出的問題」的兩面夾擊，展開了幾乎是「理所當然」且「義無反顧」的思想探勘，其苦心孤詣所獲致的見解與慧識，基本上仍大多是歸屬於哲學理境的精神表顯。請參閱勞思光《中國之路向新編》，香港，香港中文大學出版社，二〇〇〇年，頁三—五十。

⑭前揭書，頁五十一—八十二。

石大步踏向生活實踐之道路，而因此無畏無懼地向前邁進，勞思光憑藉此一生命熱情，而始終將其哲學慧識做最明切、最道地，也最最能感動人心的揭露與發揚，自是毫無疑義。

原來，企圖戳破人性之幻想，乃哲學眞實之功能與效力之所在，而全心探視人性之眞實、理想之眞實，以及一切哲學思考之眞實，更是哲學家無可離卸的職責，除非哲學家自行遠走高飛於毫無人煙之境地，否則哲學家要想在人類苦難中脫身而出，甚至企圖以全副心靈來超越苦難之試煉及生命種種災患之磨礪，是唯有經由一種文化認同、一種生命擔負，以及面對一切存在之眞實而誠篤之態度，才可能超克自我與他者聯手製造的種種難題，而終達致心安理得之境地——哲學家之安慰在此，哲學家眞實之安樂也在此。

勞思光在其題爲「思光少作」的論述中，所已然流露的哲學慧識，如今看來，讓人更覺彌足珍貴。而他特別針對始終是他的哲學關鍵之詞——「關係境域」，以及「關係境域」所涉及的實然世界與主體實現價值之活動，做了相當清晰而簡明的剖析：

當自體與關係作究極的對峙時，關係境域係作為一整體，因此這一境域中的分別皆可泯除。換言之，主體昇進超越關係界之際，迴觀關係界域，此界域應現為一整體，而無分別可説。進一步説，主體實現價值於實然中，純就實現價值的活動自身言，亦是萬象應以一心，亦可棄去分別。然而在實然中的實現價值的活動，確另有種種境域，這些境域較之關係與自體的境域低一層次，因此儘管它們在自己的層次上互異，對於上一層次中的無分別並不衝突，可是這些境域間的不同亦不可忽略。⑮

由此，勞思光乃直捷地點明傳統儒學之問題所在，並進一步揭發了儒學思考對「關係境域」處理不當所導致的「關係混同」——此一問題其實已然非同小可。勞思光乃如此痛切陳辭：

假使將國家與其他人與人間的關係一樣看待，則超個人事務境域即被抹煞。假使個人與國家的關係讓「君臣」一倫包盡，則國家關係即與其他事實關係混同，而國家活動的自覺性即失去。由此，制度的自覺性亦不能保存，將國家化為個人間

⑮ 勞思光《儒學精神與世界文化路向——思光少作集（一）》，臺北，時報文化出版公司，一九八六年，頁一七二。

的平鋪的關係，當然國家沒有主體機能，這反射出中國政治的靜態性質背後的觀念基礎。而也正因為有這一缺陷，中國沒有國家論，沒有獨立的政治哲學——老是附屬於倫理學之下。合起來看，則中國沒有由觀念基礎到制度的自覺過程，不能建立一個有機的秩序。⑯

如此大力針砭而直陳「中國沒有國家論，沒有獨立的政治哲學」，對比於牟宗三以「政道與治道」的哲學辯證揭示中國政治哲學的特殊性與局限性，不僅同樣是一種哲學慧識，而且勞思光儼然更勝一籌地剖開了中國政治哲學在處理公共議題，以及權力的分配與運用的相關論題的嚴重缺失及不足，而這也自是緣於勞思光洞明中國哲學側重道德與倫理的意理闡析，他因此認爲中國哲學將「關係境域」放入「倫理本位主義」與「道德中心主義」的論域裡，終將難以將其交涉於「關係境域」的思考與行動展開於公共之秩序、規律，以及種種制度之建構所綜攝成的政治機體之中。對此一歷史實然之問題，勞思光直接挑明是「中國沒有由觀念基礎到制度的自覺過程，不能建立一個有機的秩序」所釀致的，這一方面顯然是勞思光的哲學慧識的充分流露，一方面則已將其「由觀

⑯ 前揭書，頁一七三。

念基礎到制度的自覺過程」此一觀點，作爲中國人本該有的一種兼具實然意義與應然意義的哲學慧識，勞思光並進而將此一哲學慧識之匱乏的實然境況，放入中國哲學發展的脈絡裡來檢索、撥點，而因此展開了具哲學思考之高度與深度的政治批判、社會批判與歷史批判，其所經營的哲學之富有批判精神，是已昭然若揭。

此外，勞思光更運用其獨具之慧眼與孤注之決心，所揭櫫的「歷史之懲罰」之觀念（並以此爲其專著之書名），則已將其哲學慧識一舉推向現代中國的大時代、大變局與大現實的特定的人文時空裡，而因此出現了罕有哲學家能夠兼而有之的「時論家」的勇氣與膽識——所以稱之爲「膽識」，是不僅因爲勞思光不落一般政治評論者的見識水平，而且他是在文化長河與歷史波瀾之間，無畏地展現其兼具政治哲學、歷史哲學與文化哲學的人文涵養與哲學智性。於是他坦然而言，且率直道來，而如此慨嘆，如此告白：

> 當我寫這本《歷史之懲罰》的時候，我對中國問題正感到一片漆黑。因此，文中很少透露出任何正面希望。⑰

⑰ 勞思光《歷史之懲罰新編》，香港，香港中文大學出版社，二〇〇〇年，頁xii。

由此看來，一個全心關切斯土斯民的哲學家，他所一心盼望的便是智性之光與德性之光所交織而成的人性之光、人文之光，能夠穿透歷史堆疊與文化積澱所釀致的黯黑，而與映向未來的天光相互輝映。

三、主體自由的實現之道

如此一來，在哲學慧識引領之下，勞思光於是拈出「歷史之懲罰」這個富有哲學意味的觀念與命題，在高遠空靈的理想與由四面逼壓而來的現實二者拉鋸之間，已然走出了一道道思想的通路、心靈的出路及生命的活路，他乃進而通過「幻想」與「欺詐」這兩個觀念，來闡明當前歷史階段中人們已然犯下的種種錯誤及墮落。[18]而在這表面看來有些負面意義的心靈向度之中，勞思光仍然始終保有正向之思考與樂觀之態度，終提出「歷史任務」之觀點，以超越「命定論」，並由此探尋歷史由衰而盛的緣由，乃在於人們能夠「針對問題去創造新的文化成績，建立新的文化秩序，來尋求解決」[19]。

⑱ 前揭書，頁xvi。
⑲ 前揭書，頁xvii。

顯然，勞思光既以哲學家的立場，來探究歷史發展的眞實緣由，似乎很自然地會有「實屬應然」的思考以推擴出「理所當然」的自主要求，而有別於一般之歷史學家。如此一來，我們就可以理解「任務」與「秩序」之概念所以會成爲勞思光歷史觀的關鍵之辭的緣由了。同時，我們甚至因此可以理解勞思光爲何會對「歷史任務」做如下之定義：「在不同的歷史階段中，人們對於歷史問題應作的努力。」[20]勞思光此一對「歷史任務」的明確界定，表面看來稀鬆平常，然其中卻飽含了如下之哲學慧識：

（一）何謂「歷史問題」，須先以哲學之眼，作全面而深入的審視與約定。

（二）如何發現「歷史問題」，則須兼具歷史、文化、社會及相關之人文學知識，方能一舉中的而不失焦、不偏差、不含糊、不游移，而這也自是一種哲學的決定與哲學的行動。

（三）對解決歷史問題，所應作的努力，是實然的，更是應然的，而在實然與應然之間，吾人究應如何抉擇，如何拿捏，如何做出合理有效的處置，更需要種種哲學慧識予以兼具感性、智性與德性的對待與照料，否則躁進、魯莽，以至於盲目而爲的做法就可能一再地壞事，而終引來種種的錯謬與災患。

---

⑳ 前揭書，頁xvii。

如今看來，置身在人們一再犯錯，一再墮落的時代環境裡，勞思光心中之苦楚與煩憂，其實是相當哲學，也相當具有智慧意味的，只要看看他如此自我表述，我們便可感同身受：

> 思想界處處不免歪曲之病，實際工作中又是處處僵滯，這樣，我們時代的苦難之不能被解除，便是很自然了。但我雖然無保留地這樣說，我卻並非悲觀失望。我只是想將眼前心頭的一切幻妄撥開，真正落實下來。我不想讓生命在幻妄中消磨——不論是別人的生命或自己的生命，我要的是真的希望——是我的希望也是別人的希望。在我們看透一切無希望之事後，我們心思收斂起來，在凝聚中生光明，通過一番大反省，自可另建立真實希望。㉑

如此動人的一段話，不僅是一般之生活感受或是所謂的「存在之感受」，其中所透顯的「主體自由」，則已然在種種現實的甚至是毫不留情的限制中果敢而堅定地「衝決網羅」，而衝決之道以至於解決之道，乃立基於吾人之作爲一主體之身分而自覺在「主

㉑ 前揭書，頁xxxiii。

體自由」與「人是被限制者」二者之間如何穩當向前的「兩行之道」，而勞思光始終毫不猶豫、毫不遲疑地踐履此一「兩行之道」，自是哲學的一大典範。㉒

然吾人終究是要突圍而出的，在種種限制與種種網羅之中。勞思光於是慨言「突圍的要求」，此一要求起初並沒有自己的路向，但它確實飽含生命之力道。㉓而此一生命力道確實有機會在歷史發展過程中成爲有方向的運動，由此，它的方向就是「歷史方向」，而甚至由此可以達致「歷史任務」的完成。勞思光此一哲學辯證，彷彿有些曲折，有些弔詭，但他勇於面向問題，勇於擔起責任，勇於向一切之虛假與幻想，發出哲學家能有且應有之正義之聲，以及慷慨而嚴正之辭，恰恰是由於他一方面試圖戳破「中國知識分子所慣有的幻想」，而這些幻想，勞思光則謂之爲「人性之幻想」。㉔另一方面，勞思光一心企圖由歷史之陰暗面脫身，而步步邁向未來之光明，雖然他認爲我們現

㉒ 勞思光認為吾人以內在世界為主體之生活乃以自覺為主，而有自覺，方有自由，此一自由終究是「主體自由」，然主體自由則始終對顯出種種「不自由」，因人是被限制者，不管在生命之內界或是外界。以上請參閱前揭書，頁四十二。

㉓ 前揭書，頁四十四—四十五。

㉔ 勞思光分析中國知識分子所慣有的幻想，主要有四種：一是「革命家的幻想」，二是「教主的幻想」，三是「幸運兒的幻想」，四是「苟安者的幻想」。以上請參閱前揭書，頁七十。

在所能做的，只是「對未來光明之到來有確定的助力」㉕，如此謙遜之詞，也恰恰是哲學家運用理性以懷抱自信與盼望的特殊涵養。

舉凡一切思想之進程，都可順可逆，或順或逆，甚至順逆迴還，雙向並行。由此看來，勞思光由培成其歷史意識，接著蓄養文化覺識，以迄於發揚哲學慧識，也一樣可順可逆，或順或逆，以至於順逆迴還而雙向並行。勞思光一生盡瘁於歷史之追討、文化之探索，以及哲學之開發，其求眞之心不啻是砥柱中流，而其決志超拔於歷史之懲罰與苦難，同時無畏無懼於人文與人性交纏而來的政治、經濟、社會等之變局與災難，幾乎始終順其文化覺識與哲學慧識二者凝聚並鑄就而成的生命意志而前行。其間，勞思光一再地運用其抽絲剝繭的思考之力，以還原「眞相」，探索「眞實」，清理「意義」，貞定「價値」，追逐「理想」，並大破一切之虛假、幻想、奸巧，以及種種之僞飾與險詐，其所留存的學術業績，實可待後來之人千百年之檢驗與實證，而勞思光終其一生堅守哲學家之眞誠，並善盡其作爲一介知識分子的責任，則已在相知相惜而互尊互敬者心中矗立了一座難以被歷史塵煙磨蝕的紀念之碑。

㉕ 前揭書，頁四十七。

四、道家哲學作爲一種文化覺識與哲學慧識

在勞思光高高標立「文化覺識」、「哲學慧識」與「主體自由」一以貫之的哲學里程碑之後，經由這三個形同竹節般紀年又紀實的思考之基底與觀念之轉機，吾人顯然可以發現足以眞正地回應並進而評比道家哲學的量度方式。由此看來，先行肯認道家是一種古典的文化覺識，實自有相當充分的道理。

就在周文化衰頹之際，先知先覺者如老子與莊子，顯然都對自身所處的人文環境，有了相當透澈的觀察與考究，而覺知文化之衰象與亂象其實源自於人心之病、人性之疾與人道之患。於是老子大聲疾呼：「五色令人目盲，五音令人耳聾，五味令人口爽，馳騁畋獵令人心發狂，難得之貨令人行妨。」（《老子・第十二章》）即是對吾人之身家性命，以及連帶而來的物質文明捨本逐末以至於日趨下流的亂象，所逼發出的哲學慧識。此外，老子還感嘆：「夫禮者忠信之薄而亂之首。」（《老子・第三十八章》）又直言：「法令滋彰，盜賊多有。」（《老子・第五十七章》）更是鞭辟入裡的社會批判。

至於莊子則以身在人間的存在之姿，直接在天地之間袒露全幅之心靈，並且實地進行了種種的生命操練。他以看似消極的「明哲保身」之道，智勇兼備地在文化力與社會

力逐漸低迷之際，展現出對人間世的全方位反思與批判，而安時處順，憂喜不驚，其哲學慧識恰恰充分地流露於「養生主」的生命智慧，以及「義命並行」的自我安頓之道。此外，莊子對當時日漸沉淪的文化自由自主的內在力道的流失，更是憂心忡忡，他之所以大力批判膚淺的實用思考，同時反對人爲機制（包括制度之施設與機械之役使）之有害吾人之生活自由與生命潛能（難怪莊子同情那位抱甕取水的灌園老丈），這不也就是一種古典的文化覺察與覺識？

此外，倡言道家思想蘊含文化覺識與哲學慧識，則必須先行理解道家究竟是如何認可並進而全力發揮吾人之「主體自由」，而終能衝決世俗之網羅，並因此卸除規矩、儀式、依準與制度加諸於吾人的種種束縛，而得以隨順自然，反璞歸眞。就老子五千言「正言若反」的逆向思考與雙向推演並轡而行的路徑看來，他所謂的「絕聖棄智」、「絕仁棄義」，以及「天地不仁」、「聖人不仁」等充滿否定意涵的論調，其用意顯然爲了「大破」而後「大立」，老子所存的心，所懷的情，所持的志，似乎是爲了遂行那彷彿當今所謂的「創造的破壞」及「破壞的創造」，其中透顯出的，不正是生命的大自由以及兼具大仁大智大勇的生命行動嗎？

至於《莊子》一書，破題便是〈逍遙遊〉，揮灑吾人作爲一生命主體的大自由；接著是〈齊物論〉，全面掃蕩世上是非之爭、名實之辯，以及勝負得失利害的糾纏，而這正是吾人思想與心靈之自我解放。由此，吾人才可能迴視自身，以鍛鍊〈養生主〉的生命工夫，從而實現主體自由所嚮往的生活理想，並進而通過對一切「後設」之思維「存而不論」的還原之路，一逕探向「以道觀之，物無貴賤」的超然之境，而終得享自在自得而無所依傍、無所仗恃的泰然與悠然，這又難道不是在衝決網羅之後，大方大氣地高高挺立起吾人生命之本然，並開啟吾人性情之自然，才可能獲致的人文豐沛而圓熟的勝境與盛況？

第二節　「齊物」理想的「平等」義與「自由」義

首先，在《莊子》一書並非純然以論理、論析、論辨與論證為能事的前提之下，吾人勢必先行處理「莊子式的概念」。在此，且以「齊物」或「齊物論」作為一組概況為例，來探入其中所潛藏的特殊內容。一般而言，「齊物」或「齊物論」的提出，乃莊子在其關注物物之差異性、特殊性，以及諸多可變異性與無可預測性的同時，所特別昭示的基礎性原則，而「齊物」或「齊物論」所以能成立，則是緣於莊子在生命問題的發生，以迄生命問題的解決之歷程中，始終不離不棄地關注個人自身，以及所有與吾人作為一無可替代之「自我」，而因此鋪展出足以調停人我爭端，同時足以涵化人我爭執、物我衝突的「平等」之理念與理想。

而「平等」之意義，恰可為「齊物」之「齊」作一比較明確，也比較具有現代性意涵的解釋。章太炎云：

> 齊物者，一往平等之談，詳其實義，非獨等視有情，無所優劣，蓋離言説相，離名字相，離心緣相，畢竟平等，乃合齊物之義。㉖

由此看來，章太炎旨在斷言「齊物」即「平等」之義。而欲達「畢竟平等」（意即「平等」理想最高義）之境界，吾人必須先進行思想之自我超越與心靈之自我解放，而此一工作幾乎已然是一種道德涵養、人格修為、生命工夫；它作為一種生命超越與心靈

㉖ 章太炎《齊物論釋定本》，臺北，廣文書局，一九七〇年，頁一。

解脫，則主要有三個側面值得關注：超離言語的干擾、超離文字的束縛，以及超離吾人思慮、情感與種種意識型態的糾結。而莊子一心嚮往的理想意義的「平等」，並非一般齊頭式的平等；反之，它蘊含豐富之內容、深遠之意趣，以及多變、多元、多面向的現實性、潛在性與可能性。因此，說此一「平等」之義爲一高明之生命理想，且由此得以推擴出遠大之視野與博厚之胸懷，似乎一點也不爲過，而莊子之所以能夠一方面在思維路向裡，企求與物齊同，洽合自然，而探向未來；一方面又能夠在心靈取向中，寬待一切之變化以及由此而來的諸多差異，而因此培成慷慨之德以及無可遏抑的慈憫之心。

《莊子》一書充滿了多方多類的譬喻，莊子巧妙地運用它們，讓它們得以與其概念思維相互融攝，而展拓出種種意義解構之指向，這對其可能的理論建構而言，已然起了一些開拓性的作用。在此，且引〈齊物論〉開宗明義的譬喻——「三籟」，來爲建構與解構並行的莊子之思維模式，做一具體的例示。所謂「三籟」，指的是地籟、人籟與天籟。地籟純屬自然，人籟對反於地籟，而天籟則指向「自然」之本義。本來，人籟乃吾人意志、情感、思慮，以及種種意識型態的表現與作爲，而莊子將人籟與地籟作對比，於是出現他始終關切的二元之張力——人文與自然之間，原本就存在著彼此呼應又可相互調和的關係。至於「天籟」，乃是無聲之聲，無響之響，恰似老子所謂「大音希聲」，而從「地籟」風吹孔竅之明喻與實喻，到「天籟」無聲無響之暗喻與隱喻，此一思維路向其實便是莊子「不齊而齊，齊而不齊」兩行而無礙，始終不離「道樞」的意義解構的歷程。此外，籟本空虛無物，而風則來去無蹤，二者相交相應，天地自然乃交響成樂——地籟千差萬別，此自然之交響卻究竟和諧無礙，不似人籟之各執所見，有是有非，彼此攻錯，乃有成心與成見。而人籟與地籟之對比，則是「不比之比」，比而無所比，二者其實始終各行其是，各有所屬。究竟看來，雖比而不比，對而不對而終有所對，有所是，有所見，有所別，此即差異之終合爲一。故莊子雖意在物物之所同，然終不棄物物之異、物物之別——莊子的平等觀實可作如是見，如是想，如是觀。

當然，對語言之功能與意義，莊子乃自有其特殊之見解：「大知閑閑，小知閒閒；大言炎炎，小言詹詹。其寐也魂交，其覺也形開，與接爲構，日以心鬥。縵者，窖者，密者。小恐惴惴，大恐縵縵。其發若機栝，其司是非之謂也。」（《莊子・齊物論》）而「齊物」之哲學發展的最高階段，即是莊子通過其對語言功能的翻轉，以及對語言意義的超越，所獲致的「觀的哲學」：

以道觀之，物無貴賤；以物觀之，自貴而相賤；以俗觀之，貴賤不在己。以差觀之，因其所大而大之，則萬物莫不大；因其所小而小之，則萬物莫不小；知天地之為稊米也，知豪末之為丘山也，則差數睹矣。以功觀之，因其所有而有之，則萬物莫不有；因其所無而無之，則萬物莫不無；知東西之相反而不可以相無，則功分定矣。以趣觀之，因其所然而然之，則萬物莫不然；因其所非而非之，則萬物莫不非。（〈秋水〉）

原來，「以道觀之，物無貴賤」，乃是究竟平等的理想。因此，「觀的哲學」即是將「平等」之理想融入於吾人之言說與意義二者和合無礙的自我批判與自我超越的歷程之中。此外，從肯定語言作爲人類思想文明之核心與資產，到理解語言作爲吾人經由意義之階梯而終上達於生命理想的高峰，實不能不對語言有所反省、批判及超克，此即莊子「言終於默」的哲學進路，而莊子所以高舉中道之義，將言語之工具性全面消解於道，則不僅是爲了避語言之危，除語言之害，而且爲了在言與不言之間，將「齊物」之理全面豁顯於人間種種「物論」的吵雜與喧囂之外，而莊子此一用心，更在於試圖通過其思想解放與精神超脫的雙向並行，以獲致心靈之大自由，而全向度地展開其探索生命內在眞實的精神之旅。

確實，先有「物」，後有「物論」，而物物皆可論，事事皆可議，人人則皆有其是非之見：

「物無非彼，物無非是。」
「彼出於是，是亦因彼。」
「方生方死，方死方生。」
「方可方不可，方不可方可。」
「彼亦一是非，此亦一是非。」（〈齊物論〉）

顯然，如何在物論不齊之間，隨時隨處揭發「齊物」高明之理，實需吾人先行體悟「言而不言」的奧妙之義，而將語言作為工具、津梁與通道的多面向功能發揮到極限：

「至言去言，至為去為。齊知之所知，則淺矣！」（〈知北遊〉）
「知道易，勿言難。知而不言，所以之天也；知而言之，所以之人也；古之人，天而不人。」（〈列禦寇〉）
「荃者所以在魚，得魚而忘荃；蹄者所以在兔，得兔而忘蹄；言者所以在意，得意而忘言。吾安得夫忘言之人而與之言哉！」（〈外物〉）
「不言則齊，齊與言不齊，言與齊不齊也，故曰無言。言無言，終身言，未嘗言；終身不言，未嘗不言。」（〈寓言〉）

在「齊物」理想高高掛的視域之中，莊子所以致力於語言與意義相融互攝的體系的再造與重建，並非只是為了破藩籬，除封界，去中心，並且是意圖在工夫與境界之間，尋找有效的意理接榫，而後在成玄英所謂的「妙悟自然，離形去智，荅焉墜體，身心俱遣，物我兼忘」的「喪其匹耦」的身心狀態之中，設法將工夫完全洽合於境界，也同時將境界澈底體現於工夫。因此，說「齊物」是工夫，同時說「齊物」是境界，這兩面之詞是一點也不矛盾，一點也不會出現歧義。

在當代知識論與道德論雙轡並行的哲學取向中，莊子以「齊物」解思想之紛，去理論之擾，其終極之目的並不在於一般應用倫理之興趣，而是試圖由此邁向道德超越之終極理想，此一滿溢智性的作為，似乎可以對知識與道德之間一些無謂的對立與衝突，起些許振聾發聵的作用。因此，莊子以「以明」為通貫之法，而終抵「彼是莫得其偶」的道樞，並在世上種種相對性裡，讓一切相對之物能夠和合為一，一切相反之見能夠終無所反，終無有間隙。唯有如此，吾人才可能保住所有的差異性，而讓吾人終能享有無限富饒且無比眞實的「道通為一」的整全與和諧，是所謂「和之以是非而休乎天鈞，是之謂兩行」。原來，「兩行其是」並非尋常的和事佬的作為，而均平之理與同一之境，也不是渺若天河的虛幻之象。

此外，吾人若能明白郭象與成玄英對「以明」的注解與闡釋，則應可讓我們在淪入學術議論而疲於奔命之餘，獲得心靈與精神休養生息的機會：

「夫有是有非者，儒墨之所是也；無是無非者，儒墨之所非也。今欲是儒墨之所非而非儒墨之所是者，乃欲明無是無非也。欲明無是無非，則莫若還以儒墨反覆相明，反覆相明，則所是者非是而所非者非非矣。非非則無非，非是則無是。」（郭象注）

「世皆以他為非，用己為是。今欲翻非作是，翻是作非者，無過還用彼我，反覆相明。反覆相明，則所非者非非則無非，所是者非是則無是。無是則無非，故知是非皆虛妄耳。」（成玄英疏）

原來，是非終是虛妄，真假更難判決，而世上種種理論不過是方便之辭，所謂「真實」之意義不就在吾人欲言又止的當下悄悄現身？於是〈齊物論〉裡，出現了莊子言夢論夢解夢的奇特文本：

夢飲酒者，旦而哭泣；夢哭泣者，旦而田獵。方其夢也，不知其夢也。夢之中又占其夢焉，覺而後知其夢也。且有大覺而後知此其大夢也，而愚者自以為覺，竊竊然知之。君乎，牧乎，固哉！丘也與女，皆夢也；予謂女夢，亦夢也。是其言也，其名為弔詭。

莊子如此弔詭甚至荒唐地做了場場大夢，其夢其實無所夢，其覺乃無所覺；而夢無所夢，不妨其有夢；覺無所覺，不礙其有所覺，因為在夢與覺之間，莊子自始便不設下理性思維之關卡，也始終不做邏輯判準之設計，一切恍若天光雲影般來去自如。

當代一切之理論建構作為理性思維之產物，乃自有其功能，但也自有其封限與藩籬。而一切言說之意義解構及其重構，則恍若莊子夢而後覺般，竟不辨也不辯莊周與蝴蝶之同與異，亟待吾人了然於自家心靈之眞實境況，而後在「體有限而用無窮」的生命意趣裡，細細咀嚼個人獨一無二之存在，以及由此而演生的種種主體性的眞滋味。

當代中國哲學研究，自是上承兩千多年的思想傳統與人文傳統，道家思想即在此一文化壞土裡，不斷地汲取必須的養分，因而形塑出特殊的文化傳承模式與心靈之滋養，道家思考的獨樹一幟，實乃事出有因，甚至可說是東方文化發展歷程中的大事因緣。難怪陳鼓應特別拈出「道家文化」的專有之辭，以便判別儒、道二家之異，而有如下之文化分判與思想追溯：

孔、老臨春秋禮壞樂崩之際，如何重構周制禮樂文明的新精神及新價值，出於二者的人文關懷，只是所走的路向不同罷了。孔子追溯至人內在的道德理性與情感，一方面以此奠立禮樂儀文的價值基礎，同時再透過禮樂的儀度來調和人性。孔子由倫理面向切入，深入人性自覺而向上體認形上永恆（天）；老子則不由此徑，一方面由天地視域透視形上之道，以此作為萬物總體存在的基礎與根源，並在價值上成為人間理想之依托。展現於人間，「道」成為價值的母體，透過「德」的中介，仁義、禮樂植根在人性的天真本德中。㉗

原來，老子與莊子之現身，本就充滿濃濃的人文氛圍，而其後勁之力道更持續地湧現人性之光彩，並同時與吾人價值之抉擇共譜而合奏，而其思想所飽含的在地性與人文性，實已不言可喻。

㉗ 陳鼓應《老莊新論》，臺北，五南圖書出版股份有限公司，一九九三年，頁四十九。

至於天道與人性的對應關係，應可說是中國哲學最具核心意義的對比論題，而無論從原始儒家與原始道家看來，天與人的分與合，本就是一項可以經由吾人之思辨理解與精神體悟之二路予以消解的根本課題。而如果進一步在「存有哲學」與「生命哲學」二者共融共攝的理論向度中，來考察莊子思想的哲學屬性，吾人似乎也可以如此地思量此一課題，顯然可以同時被括入兼具「存有論」意義與「生命哲學」意涵的論域之中，而如此期待此一涉及「莊子形上學」未來發展的諸多可能性：

終究會有機會將之推演至吾人精神生命之深層以及此一生活世界之高層，以突顯一切存有之為存有、一切生命之為生命，以至於一切存在者之為存在者的奧祕所在之底蘊。由此看來，高明的天道無論就其自然義與超自然義，其實都有著十分豐富的內容值得探索，而在天道對比對照之下的人性以及由此所延展開來的人道與人文之世界，也於是有了具足意趣的主體性與互為主體性之意理脈絡可以供吾人以一生之心力予以細細之斟酌。㉘

㉘ 葉海煙《道家倫理學：理論與實踐》，臺北，五南圖書出版股份有限公司，二〇一六年，頁二十一。

如此一來，吾人才可能從某些主觀性的意識窠臼脫身而出，而一路邁向開放而多元的哲學論域，並且一再地回應問題導向所引領出來的學術論題。

由此看來，在「人與歷史」、「人與世界」、「人與其自身之爲主體」、「人之理性與其對應之語言系統」、「人之爲個體與其所營造出的群體之間的意義生發之問題」等主要的哲學關懷面向之間，設法斟定出臺灣當代道家哲學研究者的主要方法進路，以及其所運用的概念範疇，如牟宗三之企圖建構「境界型態的形上學」，又如當代的道家研究除了借助於西方的哲學詮釋學來大力剖析老子「道」的意蘊之外，也同時關切老子與莊子的倫理關懷與心靈開放之態度，如莊子之「自由」概念（以「逍遙遊」爲生命大自由之眞實顯豁），顯然已超出傳統的「格義」的範限——例如方東美以其所揭顯的三大原理，對莊子哲學進行了創造性的詮釋，即其中顯著之例證。

原來，生命自由往往顯豁於生命受限受阻的現實境況，然若吾人能夠善用生命自主之力，並善解心靈內蘊之義，則吾人當可化一切阻力爲助力。而由於一開始便盡力設法取消二元對立，莊子顯然隨時心存盼望，而他以天地存有爲一大動態系統，乃獨鍾於情意觀的玄妙思索與美感經驗，並進一步強調超越情意的工夫，而不斷提升轉化生命情意之結構，以展開具跨越性、超拔性與整合性的生命行動。

而莊子以大鵬與小鳥的大小對比爲喻，便是爲了讓吾人有限之生命有「自我超越」的可能與意願。原來，小鳥像是井底之蛙，牠自有限度，人也有限度，更因種種限度而落入主體性的困境。而大鵬高舉飛遠，一心與天地抗爭，這可是明明白白昭示：吾人勢必超越生命存在之限度，而由現實邁向理想，由自我朝向宇宙。人人之爲一有限之存有者，勢必難免有困頓、有災殃、有禍患，因此我們實不能不經由自我超越之路，以智慧之觀照以無化有，以一容多，以和合之道解一切之糾葛與纏結，而終上達天人和合之境界。原來，消極的自由與積極的自由，在莊子的生命理想與生命倫理相互呼應的實踐歷程中，終究可以相互整合。由此看來，人人與天地互爲主體，這已然不是消極的自由，因爲內涵無限寬廣的內在生命，已然經由主體性的顯豁，一路上升於生命自由之境界，以充分體現吾人生命內蘊之眞實之意向與意願。如此，人我共在，天地並存，其間實大有超越、轉化與昇華的機會，而這不就是天地倫理與生命倫理相互聯手的大戰略？不也就是必然性邏輯與實然之世界在吾人的生活進程中永不止息的交手與對話？

第三章

倫理篇

說「情境倫理」或「境遇倫理」（Situational Ethics）是當代倫理的一項重要的特質，其實有相當充分的理由。而在天地客觀之界域與吾人具體之存在互動且相容的關係脈絡裡，試圖尋找可以讓我們安身又立命的資源與場所，道家所花費的心思確實值得關注，而「情境倫理」便是可以讓我們經由道家之思想與智慧而得以共同參與的哲學現場。此外，在當代通識教育的跨領域行動正全面催使人文之學與博雅之知連袂向前之際，道家哲學當可助一臂之力，並同時可以作爲具有思考力與行動力的觀念系統，以便吾人可以有所參照、借鑑。顯然，在道家倫理由理論到實踐的歷程中，「人文道家」自是「倫理道家」、「實踐道家」，而道家先行者，特別是莊子，更已然爲蘊含「自由」、「平等」與「自他共在、共存、共利」等觀念的溝通倫理與交談倫理，提供了寶貴的意義資源；而由於當代人文與通識之教育亟需跨文化、跨學科、跨系統的思考與覺察，因此如果我們能適時導入老子與莊子的古典智慧，以及諸多之方便與善巧，而將其轉化爲兼具觀念性與策略性的教育滋養，未始不是一項明智的教育行動。

第一節 「情境倫理」作爲哲學之現場：人文、通識與倫理三合一之道

說人類社會所出現的許多問題都跟「人」有關，似乎順理成章。人事人事，有人就有事，有事就得由人自身來面對與解決。而哲學家既是人，哲學既是探討人的學問，探討人究竟能如何認識自己，造就自己。那麼，運用哲學思考來幫助其他的知識、理論、技術與策略，一起來設法解決我們自身，以及整個社會群體的種種問題，實乃理所當然，而不必多所顧忌與狐疑。

因此，一方面，先行了解自己在人群中到底可以定下什麼座標，也就是說，先確定自己到底能夠把自己放在什麼位置，實乃平息諸多人事紛擾的先決條件；而另一方面，爲了創造利己利人的合理且公正的社會秩序，我們又不能不放下一些個人的、特殊的、私己的，又具有排他性、分歧性與隱密性的思考與行動，因此約翰．羅爾斯（John Rawls）的「無知之帷幕」的觀點，實在值得我們深思。對此一有著理想意味的道德命題，阿拉斯代爾．麥金泰爾（Alasdair MacIntyre）曾有如下之闡析：

羅爾斯認為，正義原則是「處於無知帷幕之後」的有理性的行為者將會選擇的原則。他不知自己在社會上占有什麼位置，即不知自己的階層與地位，不知自己有什麼能力。他既不知他的善的概念是什麼，也不知生活目標是什麼，他也不知他的性格是什麼，對他將置身的經濟、政治、文化和社會制度也一無所知。①

本來，一個人是一個整體（the one、oneness），一個社會也是一個整體，而由個人和社會所組構成的這個生活世界更是一個整體。由此一堅持「全人」立場的倫理學觀點，麥金泰爾對羅爾斯相信有理性的人在任何社會秩序與社會條件之下，都能本於「平等的基本自由」與「社會與經濟的不平等應當被調整」這兩個原則，來確定財富的公正分配的樂觀態度，有如下的反思與批判：

任何一個把每個人的生活看作是一個整體，一個統一體，他的品格使德性有一個適當的目的的當代設想，都要碰到兩種不同的障礙：一種是社會的，一種是哲學

① 阿拉斯代爾·麥金泰爾著，龔群、戴揚毅等譯《德性之後》（*After Virtue*），北京，中國社會科學出版社，一九九五年，頁三一一。

的。社會的障礙來自這個方面：現代把每個人的生活分隔成多種片段，每個片段都有它自己的準則和行為模式。工作與休息相分離，私人生活與公共生活相分離，團體則與個人相分離，人的童年和老年都被扭曲而從人的生活的其餘部分分離出去，成了兩個不同的領域。所有這些分離都已實現，所以個人所經歷的，是這些相區別的片段，而不是生活的統一體，而且教育我們要立足於這些片段去思考和體驗。②

由此看來，由於生活零碎化，世界也因此無端地被裂解，於是我們的生活情境總是紛紛擾擾，吵吵鬧鬧，這可能就是當代倫理道德所必須面對的最大難題。顯然，在我們設法去回應倫理與道德的諸多問題之際，當代科技（包括由與科技相關之活動所衍生的科技生活與科技文化）原本於價值中立的科學思考，於是以數理邏輯爲主軸，並由此轉入於工具理性的運作以及實用理性之開發，而成爲現代生活重要的幫手；然而，此一由科學而科技的文明趨勢，卻往往在吾人自我追求以至於自我滿足於夢想之境的同時，滑

② 前揭書，頁二五七。

落了人性之本眞，甚至背離了人道之正途，而這恰恰對當代倫理的滿全以及現代德性的培成，產生相當不利的負面作用。

當然，我們一定得遵守道德法則，縱然在充斥科技、方便與利益的現代生活之中。因此，如何讓每一個公民自主地信守道德理念並遵行道德規範，顯然是當代社會最重要的倫理課題。伯納德・格特（Bernard Gert）便曾如此強調「遵行道德法則比遵守道德理念更爲重要」的現代的「公眾倫理」（公共倫理）：

康德及穆勒共同指出遵守道德法則遠比遵守道德理念更加重要。雖然不遵守道德理念社會將無法發展，但是不遵守道德法則將會使社會頹廢。雖然說遵守道德理念，譬如說避免人受傷害，有時候比遵守道德法則更直接的表達道德倫理的真義。如果有個人從來沒有遵守任何道德理念，他也從來沒有違反任何道德法則，這個人以道德倫理而言也就不是個好人。而一個隱士很可能從來沒有違反道德法則，然而這卻不足以來形容他的道德特質。一個社會如果它的公民不遵守一般的道德法則，它將無法存在，同樣的道理，一個社會如果它大部分的公民不遵守道德理念，這個社會也無法繼續繁榮發展。當你了解道德理念的重要性，你就會清楚知道，雖然說道德法則是道德倫理很重要的核心，但如果把道德倫理只定義在道德法則所禁止或要求的行為的條令上，這將是一個很嚴重的錯誤。③

因此，如何讓認知道德理念和遵行道德法則如雙轡並行，以經營出身心共融、人我和諧的生活情境，確實是當代公共倫理的建構與公民道德的培成的基本課題；而人性內在與外在的多元多樣多變的實際境況，就是我們終其一生的最大的道德挑戰：

有些基本人性的事實是所有有道德感者必須相信或知道的事實，這些事實包括：人都難免一死，且有時會意外早死；人都會有受苦的時候，有時這些受苦是人為因素；人有可能失能，有時失能是別人導致的；人有可能失去自由，有時自由是被別人剝奪的；人有可能失去生活樂趣，有時樂趣是被別人剝奪的。這些事實歸納而言，人是有弱點的，且有時會被別人傷害。所有道德者都很清楚沒有任何人是無所不知的，而且每個人都會犯錯，只是有些人會欺騙、隱瞞他犯錯的事實。

③伯納德·格特著，江季璇、洪秀珍譯《公眾倫理：在道德十字路口的抉擇》（*Common Morality: Deciding What to Do*），臺北，洪葉文化事業有限公司，二〇一〇年，頁二十四—二十五。

人類的知識是有限的，有時容易犯錯，每個有道德感的人都知道他自己如同任何人一樣容易受傷害、知識有限、容易犯錯，且可能被騙或被別人傷害，這是我們眾所皆知的基本人性。④

原來，用人性挑戰人性，由生命超越生命，如此勇敢果決的思考與行動，理當是一條自我回頭之路，也自是一道回返本真之途。或許，所謂「本真性文化」與「本真性的倫理」是相當值得嘗試的人文性、倫理性與道德性的思考向度以及實踐場域，如查爾斯・泰勒（Charles Taylor）所言：

對本真性文化中的變質的一部分解釋，要追溯到這樣一個事實，即這些是在一個工業—技術—官僚統治的社會裡被實踐著。事實上，工具理性的支配性，以許多方式，在人類潛在活動的各個方面，都是明顯的，其支配性的目的指的就是自我滿足。建立在號稱是科學發現之上的技巧，常常被提供給我們，以達到心理的整合和心靈的平靜。儘管自始至今，自我滿足的目標一直被理解為是與單純工具控

④ 前揭書，頁八十—八十一。

制的目標相對立的，快速搞定的夢想仍無處不在。一種輕鬆灑脫的快速搞定技巧是終極矛盾。⑤

如今，縱然難題不少，挑戰更多，但只要了解生命自救之道，以及危機從何而來，我們便不必過於悲觀。於是，查爾斯・泰勒如此愼重地提醒我們：

但是，社會設置並不提供所有的方案。也有一些理由內在於促進這種滑落的本真性理想之中。事實上，不僅僅只有一個滑落，而是有兩個，它們具有複雜的十字交叉關係。第一個滑落是我一直在討論的，即在我們時代的大眾文化中，滑向自我實現理想的自我中心模式。第二個是一個「高」文化運動，滑向一種虛無主義。⑥

原來，最可貴的是人性本眞，最難得的是此一自由之身始終能夠在倫理與道德的護

⑤ 查爾斯・泰勒著，程煉譯《本真性的倫理》（*The Ethics of Authenticity*），上海，上海三聯書店，二〇一二年，頁七十二。

⑥ 前揭書，頁七十二—七十三。

持之下，不被傷害也不自我淪落，而且努力在人性眞實的光彩映照下，營造出種種足以讓人人活得自在、充實而愉快的生活境遇。因此，「情境倫理學」所以是當代倫理學一條時隱時顯的思想主線，實在其來有自。

本來，倫理學作爲「哲學」這個大家庭的一分子，一般都被視爲「應用哲學」或「實踐哲學」的一支，特別在當代社會與人文環境正日益朝多元、分化，並且以「差異性」、「發展性」及「動態性」等特質爲指標的趨勢中，倫理學的意理結構，以及其對吾人所處之生活世界所可能發揮的效力與影響，實值得仔細地進行哲學之研究，也同時值得付諸公正而開放的討論以及長長久久的關切。

而涉及倫理道德之思考，往往與人類經營出特定規模的社會、文化與吾人生命個體存在的實際的努力，以及因此而置身其中的種種境況密切相關，而其間種種的價値理念總是把那些足以引導吾人做出價値判斷與道德抉擇的多樣性因素，不斷地整合於身心之間、主客之間、人我之間、古今之間，甚至於人與超越世界之間，以尋求合乎人類本性需求，並且同時開發出人類共同願景的路徑——這些路徑當然是以「啟發」或「啟示」爲其主要之標的，至於是否已經具有「引導」或「指使」之作用，或者已然涉入諸多「行動哲學」之界域，則還無法立即斷定，因爲當代倫理學在專業思考的自我要求下，它一方面已然無法故步自封，一方面則必須不斷尋求與其他學科進行相互的交流與合作。

因此，當吾人之倫理思考透過多面向發展，並且一再地以「他山之石，可以攻玉」的開放性模式，持續地以嶄新的問題意識為其自身活化內在意義脈絡，倫理思考之承繼傳統，實乃一項學術奠基之工作，但當代倫理學卻不能不一再地回應那些由當代人心與當代社會交互關切而來的各種生活情境——如今，情境倫理與關懷倫理之反思傳統倫理學所高舉的倫理律則，特別是那些具有普遍性、概括性，甚至於必然性、應然性的道德原理，正遭到當代以特殊原則與具體經驗為主要之思想通路的倫理實驗所質疑。

而究竟倫理學者對此一日益瑣碎化的生活世界所作的諸多回應，能否成功地激發出有利於倫理學作為一門具有現代性與未來性的學科的思維因子？此一問題便似乎得回歸人我之間可以平等對話的場域中，以不斷尋求足以在理論性思維、實踐性思維，甚或策略性思維、技術性思維等可以並行不悖的主體動力——在此，所謂「主體」，當是在互為主體的動態歷程中顯豁開來者；而「動力」者也，其實不外乎人類本性自我之欲求、需求與要求。

由此看來，教育作為人我之間對話與溝通之平臺，其與倫理學之具有高度應用性、實踐性與理想性的學術性格，顯然有著相當親切的關係存在。而或許就是因為吾人所處之當代社會，除了依違於傳統與現代之間之外，其具體卻也往往不甚清晰之圖像，卻也往往若即若離、若有若無地投射在吾人多樣多變的言談、情意與心靈之間，當代倫理學之所以有助於當代倫理教育之展開與推擴，自是不在話下。因此，當代大學人文教育（博雅教育）與通識教育又當如何引進倫理學之專業成果，又究竟能如何把倫理教育、道德教育、人格教育、公民教育，甚至是廣義的生活教育的實質內涵轉入於人文與通識一體多面的教學情境裡，便理當是眼前大學基礎教育不能不重視的一項核心課題。

如今，專業當道，乃是所謂「現代性」可以敝帚自珍之權利；然而，在高懸「人的教育」的大纛之下，我們不能不在釐清專業與通識的差異之餘，讓現代知識之專門、一門或獨門之思索逐步上達於人我之間可以展開對話，並且同時可以大方地進行相互之評比與評價的生活平臺，而這樣的要求其實仍然謙卑無比，因爲當代文明所挾帶的體制化、階層化與職業化走向，似乎已沛然莫之能禦。因此，如何跳出理論之封閉性，如何避開單向、片面，以及一去不回的孤立心態，儼然已成爲當代倫理學者必須念茲在茲的自我覺察。

由此看來，價值思考之適時適度介入於專業與通識之間的開放的意義場域，顯然有其必要性；而斷言通識教育及其課程的綜合性、穿越性、發展性，甚至未來性，也並不是夸夸之談或泛泛之論，因爲在倫理與生活、倫理與文化、倫理與政治、倫理與法律，以及倫理與宗教之間，其實蘊含著諸多足以讓「科技人」或「工具人」做深切反省的素材——它們不只是一般之文本，而且是在文本與詮釋的對照過程中，可以不斷生發出的非文本或超乎文本的視野與境界。

因此，一方面尊重專業，推崇知性，並在理論建構的具體步驟之間，全方位地汲取心靈之滋養，而此一兼具教育實踐與倫理實踐的人文取向，實無法經由宣說教義、闡揚教理的植入式思考而來。而另一方面，我們還得多多理解通識之不離專業，但通識又往往在各種專業之間開闢出坦坦之人文向度，這當然不是立即性與實效性的言說模式能夠迅速地以「教科書」型態在抽象的國度一味張揚。如此一來，一方面警覺專業之有限性，一方面突出專業的有效性，二者實在同等重要，而在各個學科之間搭建互有往來的知識橋梁，以便那些專家們能夠一方面設法平和而謙卑地看待自我，一方面則盡力地慷慨對待他者，而因此對通識教育有一如實之善解，以便打造「教育之倫理」與「倫理之教育」的意理基石，大概就是所謂「博雅之人」可以理直氣壯的緣由吧！

此外，從傳統倫理之議題，到當代倫理學所分別提出的各種課題，諸如效益論者所在意的「最大化效益」究竟能如何公平而正確地被估量，義務論者所畫定的自律原則，以及一些具有普遍性的道德判準又如何能持續地屹立不搖，而規範倫理學又當和吾人之價值思維展開如何之攻防，以便提防世俗力量之可能蠱惑「人之所以為人」的本質思考與存在思考，在在是通識教育中的倫理課程必須注意的問題。一般而言，教學之為一種行動，它往往自行演繹出各種形式的「道」，因此那些好為人師者便可能在跡似權力運作的過程中，疏忽了教育乃一體成長與共同學習的生活場域，而因此導致對課堂經營的漠視，甚至由此衍生出對博雅教育的種種誤解與誤用。

也許，教與學之間一直存在些許對立、些許緊張，但在以倫理學爲主要論域的通識課堂裡，顯然可以由師生互有共識的倫理觀點甚或道德體驗出發，而一起進入充滿弔詭與歧見的倫理爭議，以共同撐起一面面人文風景——縱然師生之間因爲學術、經驗與生活之背景互有差距，他們是依然大有機會在一些論域中優游自在，如安樂死、墮胎、族群平等，以及攸關社會公義等問題，都自有其可供倫理論證的意理資源，例如國內即將付諸立法程序的子女姓氏繼承之爭論，我們也大可在傳統姓氏主義與當代兩性正義之間，一起來爲存在於其間的平衡點與制高點，一起絞盡腦汁，一起竭盡心思，以謀求雙贏互利的善果。

在此，一種人文關懷的援引，以及對「互爲主體」之情境的全心照料，對師生之間動輒可能訴諸於個人倫理論點或道德感情（此自是以觀點、立場或言說之模式而有所表述）的課堂實景，顯然會產生調和與平抑之功效。因此，如何積極貫徹教育之理念，如何努力堅持通識之理想，其實已然是一種富含倫理屬性的作爲，而這對通識教育中的倫理課程之落實，不正可以讓吾人心中自有定盤之針，而樂於在各種倫理論題之間，充分地和各種倫理系統與倫理學文本多所參照？

通識教育之依賴經典，不僅是理之必然，更是大勢所趨。倫理學長久以來的發展，也一直在相關經典之間進行其越來越富庶的概念建構工程，這不僅在西方倫理學由亞里斯多德到康德（Immanuel Kant），以至於當代應用倫理的專業取向之間，可以找到不少例證，在東方文明與其所屬意的倫理思維之中，也可以發現許多趣味盎然的知性典範。因此，我們既然努力地想在通識教育的實踐場域裡，試圖對倫理學相關的思考以及其所推擴出的價值判斷與行動意向，做適度的理論定位與意義定向，我們便不能不一再回歸經典，去理解古代哲人是如何對「人」進行探索，又如何對應然之世界展開全向度之關切，並進一步由此一歷史回顧，轉身向眼前之生活世界，而在構作教材與編定課程內容之際，持平地兼顧對文本脈絡的解釋活動以及對課程內容的教學行動。

在此，以「環境倫理學」（Environmental Ethics）作爲一門通識課程爲例，一方面，我們可以從環境倫理學的觀念視角，對臺灣所已然遭遇的環境課題（甚至是難題），做全面的檢視與分析，以發現其中關涉「環境倫理」的意義成分，並同時檢視其中背離「環境倫理」的諸多問題，以便吾人面對己身所處之生活世界，能夠合理地看待與吾人並存之天地萬物（即整個實存世界），並尋找正當而適宜的生活進路與實踐策略；另一方面，也爲當代科技（或所謂「科技人」）的思維方式把脈，對「後現代」與「新世紀」的混合性情境，進行多向度的反思。當然，「環境倫理」乃此一研究之思考軸心與問題聚焦所在。因此，在人類與環境之間複雜而詭異多變的關係中，如何打開一道兼具哲學意義、心靈屬性與行動效應的理論向度，以提供行動世界與公共倫理的重要參照，實乃最具核心意義的一項自我期許。這其實是富有人文性、通識性與基礎性的哲學思考與倫理關懷，而它對倫理學成爲通識教材的意理構作，乃自有其相當程度的參照作用，只是在課程設計的多變性裡，我們的自我期許顯然不得不隨時伴同個人的自知之明，持續地向前挺進，並隨時做自我的反省與檢點，以便適時而應機地調整課程的內容與教學的進度。

如今，在對話之際如何互有借鏡，實乃吾人處理共同問題的一道活路。而當各種倫理學者各本其「專業本位」或「理論中心」之思考的同時，我們所關切的通識課堂卻也不能不向他們討教，只是我們仍得善解此一生活世界，不該只是一味地玩弄「生活世界」或「自我」、「他者」、「溝通」，以至於「主體性」、「互爲主體性」等形式概念，而竟然忘了吾人存在的實然境況，突然來一句：「一切都是相對的！」不正彷彿那一陣突如其來的狂風無端吹皺了一池春水？而如果我們竟因此疏忽了道德理想的應然意義，甚至由此淪入詭譎多端的實然與偶然交織而成的觀念叢林之中，勢必可能會肇致危機而因此處處有誘引、有陷阱、有障礙，我們又當如何讓那些初生之犢剛踏入生活叢林之際，能夠隨時警覺周遭環境是如此多樣而多變，自身的情感欲望又是如此難以駕馭，顯然亟需足以讓年輕世代養成自知之明的情意教育，並且同時經由多視角、多向度的「互爲主體」溝通津梁，展開足以拓展公共倫理的公民教育。由此看來，跨領域的道家哲學思維對如此富含現代性的情意教育與公民教育，是理當可以有所參與、有所助益。

第二節　道家倫理的理論與實踐：以莊子哲學的基本命題爲核心

基本上，道家哲學在其入世關懷的思考向度中，顯然已經進行了攸關「倫理」（ethic）或「倫理學」（ethics）的意義開發。然而，若以嚴格的理論要求來對應道家所展開的文本脈絡，則道家以「道」爲核心概念的思考，在以天地爲範域的宇宙觀引領之下，確實已經出現了具有人文性與倫理性的意理結構——其間，先行的道家人物乃一方面企圖爲群體文化除弊，爲個體生命療疾，他們主要的著力點則在人我交關所形塑的倫理性的探索，以及以身心和合爲基礎的生命機體性的整合。

另一方面，原始道家在反思人文、創發理想以澈底重構人與人、人與天地，以及人與超越之道之間的關係的同時，還將其主要的入世關懷，集中於對此一生活世界及其所牽涉的價値思維的再造，他們於是以「人法地，地法天，天法道，道法自然」（《老子・第二十五章》）的命題爲前提，展開具有高度人文性、道德性與倫理性的思考，以至於與此一思考向度相應之實踐歷程。

由此看來，道家倫理學（或說是「道家的倫理思維」）乃直接涉及道家的人觀與道觀，也同時涉及道家對吾人作爲一存在者之身分與其以萬物爲總體的天地之間的關係網絡，所已建構出的綜攝性觀點。也就是說，道家倫理學並不拘於單一性的理論型態，也未曾落入任何一種倫理中心主義。因此，道家倫理學乃具有高度的開放性，它開放向整個人文歷程所可能衍生出來的道德問題與倫理議題。

不過，在時代環境與人性動力相互擠壓的客觀情勢中，道家的「道」概念及其所展開的問題意識其實已超出一般之理論預設，而其所以能夠不斷地回應此一生活世界多元多變的需求與要求，或許是因爲吾人與整個世界、整個社群之間的關係實寓含高度的公共性、一貫性與全面性，然而它絕非抽象之物，而是可以經由吾人之身心一體經驗之、參與之，並且還可以讓任何個別之「自我」和一切之「他者」共同分享之、再造之。

如此一來，所謂的「道家文化」、「道家生活」，以及所謂的「得道」、「體道」所展露的生命型態，是應已具有「情境倫理」的特殊意涵，而且在「道在人間」的大前提之下，如莊子「心齋」、「坐忘」等工夫所企及之境界——所謂「同於大通」或「萬物玄同」的統一性心靈狀態，其實都還在「道家倫理」所可能涵覆的範圍之內。又如莊子言及「與天爲徒」，以至於「與人爲徒」、「與古爲徒」，其以人我對偶之關係爲主軸所突出的「德性」概念，便是道家倫理不能不處理的課題。而若以自由、平等，以及諸多攸關人格養成的道德實踐爲道家哲學已然發展出來的倫理課題爲核心，則吾人實又不能不認眞處理其間理當被仔細商榷的關鍵性問題。

既已揭露「自然」根本義，劉笑敢更進一步肯定老子「道」的價值便是「自然」：

道之價值取向要落實於個人的修身，沒有通過個人體現的德還是抽象之德，道作為萬物之根據可以通過「德畜之」生養萬物，卻不能把價值規範必然地賦予一切個體，個體要獲得真德，要體現道之價值取向，必須進行個人修養，通過個人修養而獲得的德才是真實的，可靠的，在此基礎上，修養有餘，才可以影響到家、鄉、國，直至天下。老子哲學並不是只為個人安逸的自利取巧之道。總起來看，道所支持的根本價值是自然，自然既是道之實然又是道所要求的應然，它既是對道之特性的客觀描述，也是聖人之德的體現，同時也是對一般人的要求。⑦

⑦ 劉笑敢《老子：年代新考與思想新詮》，臺北，東大圖書股份有限公司，二〇二一年，頁二三六。

一、顯豁「平等」意識的道德實踐原則

一般而言，道家哲學的積極義與消極義二者往往難以全然彌合。也就是說，在道家並未單方面突出「道德自由」的情況下，說道家倫理乃以「順從倫理」（服從倫理）爲軸心，本來理當說得通。不過，在《莊子・人間世》裡以人倫爲立基之點的人文觀念全面地被應用在此一生活世界中的同時，莊子的倫理觀則始終具有中道精神，以及由此而來的調適與整合的實踐意義。而莊子高舉「命」與「義」爲綱領的人文精神與人文意識，即爲其倫理學鋪築了極其厚實的基石：

> 天下有大戒二：其一，命也；其一，義也。子之愛親，命也，不可解於心；臣之事君，義也，無適而非君也，無所逃於天地之間，是之謂大戒。是以夫事其親者，不擇地而安之，孝之至也；夫事其君者，不擇事而安之，忠之盛也。自事其心者，哀樂不易施乎前，知其不可奈何而安之若命，德之至也。（《莊子・人間世》）

既已立足於此一具有十足人文性、人間性與倫理性的生活世界，莊子於是在義、命並比併行的道德原則之下，展開其以平等理想為鵠的的全向度的倫理思考。由此，吾人應可展開以下的哲學探索之路：

（一）「道」思考實已然足以回應此一生活世界及其中的倫理議題，並且提供攸關道德抉擇以迄存在抉擇的意理資源。

（二）道家的主要關懷與當代社會的公共性之間，究竟能否產生一定的意義聯繫？若答案是肯定的，其所透顯的當代性意涵，其實大可通過道家思想與當代世界的對話（不必全是實然性的對話），而獲致合宜的表現機會。

（三）道家的平等原理，以及由此而延展出的具發展性的「去中心主義」，對現代文明，以及其所牽連的理性樣態，似乎多少可以發揮鎮靜與調停之功能。

（四）道家的人觀及道家的生死關懷，所共同鑄就的特殊的人文理想，是理當有其對應天地意識的眞實意義與恆久意義。

（五）從道家的生活世界觀，以至於在其哲學性與當代性二者之間的持續性的對比律動中，吾人顯然不得不通過身心之鍛鍊（即所謂的「工夫」），來矯治各種可能因只專注於冥想與直覺的解讀模式而肇致的身心病徵。

（六）或許，「生活性」裡原本就有「眞實性」存在，而在「個體性」中也不必然排斥群性之發展，更不必然阻絕天地人互爲一體的可能性。也就是說，人存在的世界性意義與社會性意義，其實都不離人間世，而道家思想也可以因此獲致一定程度的未來性——其間，當代性一再回返生活世界之眞實，以及人文精神之博厚與高明。

此外，論及「條件」或各種可能的「特殊化」（particularization），道家並不以「超絕」之姿自我誇說。對此，莊子的觀點——「相待」與「無待」的對比思考，顯然有著極其豐富的參照意義，「相待」是有條件意義下的關係型態，而「相待」不妨「無待」，則已是天地大化之中由「具體」以至於「全體」（全用爲體或全體爲用）的動態歷程，此即所謂「天地與我並生，而萬物與我爲一」（《莊子・齊物論》）。在此，「並生」乃「共在共存」之義，而「爲一」意即「和諧一體」。這是「平等」原理在「道法自然」的無限向度中所揮發的最大效果，而其效其力皆經「無爲」之消解而終於「無不爲」——「無不爲」乃在物物平等的一體性與齊同性中展現跡近「創造」（其中寓含「自由」之義）的自發性活動。

若道家「平等」原理，可以由自然世界原原本本地被運用在人文世界，其與當代平等精神之間，似乎有著以下兩個側面的對比關係：

（一）道家在人我對等、平等，以至於同等相待的關係中，是早已預設人與自然萬物同體同用的基礎，故自然律則之轉為人文律則，並無多少窒礙。然當代社會對「平等」的理解則往往通過「分配」與「正義」等原則來加以多方面的詮定。可以說，道家關切的平等是理想性的，甚至具有終極意義，而當代人文活動之運用「平等」，則自有其一定的限制性、情境性與可數計的工具理性意義。

（二）道家看待此一生活世界，是依然以「相反相成」的自然之理與均平之理，致力於破除一切因不平等的差異性所釀致的「人道之患」。因此，莊子才在齊同是非的基本信念之下，通過「以明」、「兩行」、「道樞」、「天鈞」等「平等」精神（或「對等」原理）所發展出來的各種實踐性法則（其實踐性甚至已超出特定的人文場域），來設法消解一切人間之是非（「是非」即問題之源、禍亂之根）。如此「平等」原則其實已接近「正義」原則，而莊子更同時把「溝通」、「互惠」（以平等互動為準則），以及「合作」等人文向度都放入物物齊同、人我對等的理想性中，而這顯然對當代各種形式的相對主義和多元主義，具有高度的警惕作用。

二、深植「人義」根柢的實存之道

總的看來，道家倫理之關切「人」，以至於關切所有「個別的人」，其用心之昭著，無庸置疑。然而，在吾人存在的個別性、特殊性與差別性裡，究竟能如何通過「道在人間」的遍在義與內在義，將一種超乎科學、宗教與一般經驗意義的人觀與道德觀，做具體而直接的建構，實乃道家用功之所在。

而體道之人之由用心而用力，再由用力而用功，其「功」乃生命之修養，性靈之修養，亦即人觀之核心所在。至此，道家於是做出生命精神的大翻轉，進而以「無心」用心，亦即以「無心」、「無名」、「無己」之道，試圖高高抬舉人性之尊崇，並同時推擴人道之廣大。如此一來，在一心關注吾人之為一存在之個體的同時，道家乃以「道」為其思想與心靈之核心，其眞實之目的乃意圖在人與道相親相近、相應相和的關係裡，探索「人之成其為人」的意義——而此一「成其為人」者，原本是人，且理當是人。「原本」之義與「理當」之義，則是以其「自然」之義為根本。

在此，「原本」者理當避免流於泛泛之「實然」之義，而「理當」者，則須以「必然」之義可能妨礙思考為戒，並當以「應然」之義作為引領心靈的鵠的，縱然道家對天地萬物的實然性所作的觀察，以及由此所展開的理智之知，大體上是可以被包容及尊重的，而不盡然以「道」爲「必然之因」或「應然之理」，而此一兼具智性與德性的倫理視野與道德襟懷，更是道家所以力圖掙脫一般人文思維與倫理命題的有限性與宰制性的自知之明——這當然是道家開放人類心靈，並以其人觀養護吾人生命，同時「眞實化」吾人生活的道理所在，而這也就是道家倫理所以能將其理論之向度與實踐之進路二者融合爲一的眞實緣由。

由此看來，道家倫理的現代性並不難發現。而其對吾人存在境遇（此乃介於自然世界與人文世界交相往返之間），所示現的情懷是自有其動人之處，老子揭櫫「三寶」（慈、儉、不敢爲天下先），莊子尚友天地萬物，持續地深入於吾人生命內裡，進行各種回歸、還原、淨化、超拔以認同「本眞」之實踐、修持與鍛鍊。如此，乃上下迴向，左右善推，道家倫理學至少透露了以下兩個主要的意義面向：

（一）突出人觀與倫理觀的一體性與一貫性，特別集中於對吾人存在的時間性的警覺，因此培就出一種不標立「終極」的終極關懷——生死之間，自自然然。而人自能「通天達地」，因爲「道」已爲人之存在於天地，做了「不以終極爲終極」（其中，是自有其恆久意義、實在意義與可持續意義）的本然詮釋。

（二）由於道家對「人之爲人」所可能的發展向度，不做任何人爲的約定。因此，「回歸自然」儼然成爲最最深沉的人文召喚與道德指引。而當吾人對「人義」有所誤解，甚至有所踐踏之時，老子與莊子一心呵護「人道」的恩慈與智慧，顯然已經以「無私而能容私」的大愛，對任何一種個人主義與集體主義，進行了默然無言之諫——「人」不卑也不高，不貴也不賤，不偉大也不渺小，只因爲吾人之生命存在實乃自自然然，素樸無奇。而若吾人能善解「自然」之理，體貼「素樸」之義，則吾人將共此一天地而久久又長長，長長又久久。因此，說道家倫理是「自然倫理」，是「天地倫理」，是邁向未來的倫理，實不爲過。

第四章

言說篇

一般而言，具有「導向性」（orientation）意涵的傳統哲學思想，往往以「言歸於默」（由知而行）的心智傾向與意義積澱，作爲其言說與理論的基石，甚至經由超離名相的直觀性思維，以入於終極而高明之境界，爲其哲學思考究竟之目的與理想；然而，通過道家善巧之言與無礙之辯的詮解之道，吾人卻大有機會在道家「知者不言」、「善者不辯」、「至言去言」，從而「終日言，終日不言」的深微奧祕的默會之知所灑落的智性光亮裡，敞開吾人長久禁錮的心靈，而終於發現透澈的「眞」與原本的「實」，因而眞正地發揮自由言說與自主表述的生命力道。特別是在莊子「齊物」的普遍原理全向度地鋪排與展延之下，吾人顯然大可經由是非兩行的雙轡並進，以及彼此包容、自他互惠的交往歷程，而上達於相容無礙、和諧無爭、均平不偏、大公無私，進而物物共在、共榮、共利的圓善之境。如此一來，吾人之言說及其多方之表述之爲人我之間的溝通行動，便理當可以一本初衷並矢志不移，而終究有所成、有所得。

第一節 莊子齊物哲學的語言觀

自老子斷言：「道可道，非常道；名可名，非常名。」（《老子・第一章》）以至於高倡「信言不美，美言不信；善者不辯，辯者不善」（《老子・第八十一章》）的批判的語言觀以來，語言在道家「道」思維的脈絡裡，一方面如維根斯坦（Ludwig Wittgenstein）所言：「語言本身就是表達思想的工具。」①另一方面，語言在道家開闊的精神世界裡，彷彿條條大路，通向那無邊無際的遠方。特別是在「齊同萬物」以至於「道通為一」的境界之中，語言更有了高度的象徵性意涵，莊子乃進而在「言、象、意」三階共構的深遠又寬廣的脈絡四通八達之際，任語言如天梯般級級高升，步步上揚，以至於無遠弗屆，無處不通，而終於全向度地引領吾人邁向意義活水不涸不竭的存有之源。

① 維根斯坦著，尚志英譯《哲學研究》（*Philosophical Investigations*），臺北，桂冠圖書公司，一九九五年，頁一五九。

一、天籟之音：超越的語言觀

首先，從莊子三言（寓言、重言、巵言）的表述模式看來，莊子終究是以寓言為其核心之語言思維，以及基本之意理歷程與表述模式，是所謂：「寓言十九，藉外論之。親父不為其子媒。親父譽之，不若非其父者也。」（《莊子．寓言》）也正如論者直截了當的解釋：

> 寓言，乃寄寓之言，但寄寓什麼，眾家並未明言，應該說，寓言之寄寓是指大道之寄寓也，寓言，寓道之言。②

而「道」如何可能寄寓於言語之中？此一問題至少有兩個側面值得深思：

（一）「道」作為一可名可言之概念，其中所透顯的意義究竟有何眞實性，可以名之言之？而「道」之為「眞」、為「理」，以及所謂「其中有精，其精甚眞，其中有

② 朱喆〈道言論——先秦道家語言哲學研究〉，《哲學與文化月刊》二十八卷第一期，新北，二〇〇一年，頁五十五。

信」（《老子．第二十一章》）等描述「道」之內涵的狀詞，又如何能與譬喻性的語言相互參驗，以透露具有眞實意義的信息？

（二）所謂「大道之寄寓」，顯然是把普遍性（或遍在性）的「道」放入特定的語言結構或意理脈絡之中，而因此得以借具象喻抽象，或經由「事」或「故」來明示「理」或「義」。其間，是否會因而出現意義性的落差？又是否會導致「相對性模糊」的解釋學的難題？

而莊子既認為「名者，實之賓也」（《莊子．逍遙遊》），則可見名和實之間本就存在如同語法中主詞與賓語之間的相對性或對立性，二者之間確實可以有所謂的「指涉性」、「意向性」，甚至是「譬喻性」。但二者之無法全然等同，卻也自是語言思維本有之範限所致，乃是無可如何之事。至於「可道」之「可」，以及「可名」之「可」，則隱藏著思維者自我之意向，其中乃隱然浮現某一程度的自信與自知之明，於是預設「道」的存在，預設「道」存在的界域，預設「道」的可道、可名之可能性，一方面是吾人作為認知之主體與言語之主體的能力與權利；但另一方面，卻也同時預設了「道」的存在乃自有其超乎吾人語言思維範圍的奧妙與深邃，而因此在可道、可名與不可道、不可名之間，衍生了「道」自身，以及所有指涉「道」的語言思維之間的相對的二重性與二元性，而這不僅是莊子「寓言」內在之規定，同時也是莊子諸多隱喻所以出現「超越相對，而又成全相對」的渾圓的意趣（如圓形之無起始之點，亦無終了之點）的緣由所在。③

至於莊子在展開其「齊物」境界之際，所示現的「自然」之義與「物化」之理，則更向上一層，以其不斷上揚的眼界拓開吾人一般感知與意見的藩籬，而一逕地進入物我齊同的平等（甚至是「畢竟平等」的境界——在此，說「境界」已是第二義，也同時多少有了「後設」思考之意味），因爲在章太炎認定應「齊物」連讀，而不可「物論」連讀之後，他曾如此判定：

是篇先說喪我，終明物化，泯絕彼此，排遣是非，非專為統一異論而作也。④

如此之眞知灼見，顯然是在深明「天籟」的寓意之後，理解「吹萬不同，而使其自己也，咸其自取，怒者其誰邪」（《莊子．齊物論》）的「自然」之義，同時又經由「夫

③ 楊儒賓〈莊子的「卮言」論——有沒有「道的語言」〉，《中國哲學與文化》第二輯，香港，二〇〇七年，頁二十五。

④ 章太炎《齊物論釋定本》，頁一。

言非吹也，言者有言，其所言者特未定也」（《莊子．齊物論》）的人間言語實態之描摹，確定了「語言」指涉「眞實」的有限性，而終杜絕了那單向地意圖截取所謂的「絕對性」、「終極性」，以及「無限性」的片面的主觀性與封閉的私我性。

由此看來，在莊子創作「吾喪我」的寓言之後，一方面設定了「眞吾」與「假我」的主體性的二元對立，一方面卻從人籟與地籟的限定之中，一逕超向所謂的「天籟」，這其實又暗示吾人對任何二元的相對性，乃大有「超越」的可能——其實，片面的「絕對」更須予以超克，而這自是自我內在思維邏輯的解密工夫——所謂「解密」，「解」的是概念叢生之「密」，而這不正是吾人心靈解放必經之路？顯然，對語言進行具超越性意義的反省與批判，實乃吾人生命脫離一切相對性所可能引發的困頓與艱苦的不二法門。

不過，所謂的「二元對立的相對性」，本來也只是基於事實義的描述之詞，它並不必然引發那足以牽連吾人情意活動的種種實際狀況——諸如「間隔」、「裂痕」、「矛盾」、「糾結」、「摩擦」、「衝突」、「動亂」，以至於「耗損」、「虛弱」、「滅絕」等負面之情事，則往往與吾人主觀意識相映互動而交迭出現。而既置身於此一始終依違於吾人心靈之氛圍（所謂「心靈」之氛圍或情態，亦即吾人所謂「內在」之世界）的主體性演變歷程，吾人之認知活動與語言活動乃彷彿引信一般，隨時、隨處、隨機地觸發著吾人作爲一不斷邁向世界、邁向未來的綜攝之體——此「體」已非抽象之主體，因其中複雜之機體脈絡早就不是任何二元邏輯所能全般收納或予以盤整點收。

由此觀之，在「齊物」的理想照映之下，莊子對語言與認知二者相牽相連所延展開來的思維活動，基本上抱持的是相對超越與開放的態度。也就是說，莊子面對主客二元的語言邏輯所滋生的意義問題，他採取的彷彿是迂迴策略——行徑迂曲又能有所迴避，而所以迂迴者，並非以逃遁或推諉之詞來作掩飾，甚或有所遮蔽。顯然，莊子的心靈本就坦坦蕩蕩、明明白白，並向一切開放，而他所踏足的思維之路則直直向前，所踐履的言說之道更是不曲不繞。對莊子而言，眼前之物並不必然遮人耳目，而蘊積於吾人心底之概念積澱，也不盡然非假外力予以清除不可。因此，莊子所以能坦蕩蕩地直直向前尋找世上任何與吾人之語言思維足以呼應的蛛絲馬跡，理由實緣於他對意義的堅持及對眞理的執著，始終是以超越而開放的心態，展開其合乎「道」（亦即合乎一切之合理性與合宜性）的處置——從表面看來，他像是有所處置，有所作爲。然究其用心，卻終無所用其心；究其所作所爲，實則無所作，無所爲，更無所以爲。於是，看似有意，卻無所著其意；看似有爲，實則無爲而無不爲。如此，吾人之語言乃自脫逸於思維的邏輯網絡之外，而入於「言而無言」以至於「至言去言」之境——這分明是思維內在的還原之路，而他對意義與理論二者之間可能分途而終至有隔有礙，乃自始便有高度的自覺，而因此對所謂的「眞」或「眞理」，並不強予限定或多所責求，反而放任吾人之思考軌轍一再地主動回應吾心如自轉之輪，將離心之力一逕回收於圓滿似月的向心之力之弧度內。莊子「卮言」之精彩，以及其俯仰自如之妙趣，全然示現於天機渾成的「寓言」之中，便是莊子如下之語言批判所以早熟於理性文明結胎初生之際的根本緣由：

> 夫言非吹也，言者有言，其所言者特未定也。果有言邪？其未嘗有言邪？其以為異於鷇音，亦有辯乎，其無辯乎？道惡乎隱而有真偽？言惡乎隱而有是非？道惡乎往而不存？言惡乎存而不可？道隱於小成，言隱於榮華。（《莊子・齊物論》）

原來，莊子批判語言並非採取語言「後設」（Meta-）的視角，而他之所以始終不措意於人間之眞假與是非，則因一切有言無言、有辯無辯的語言斟定，實肇端於「小成」的主觀情意之造作，而因此落入看似「榮華」的形式思維的網羅，如果吾人認定莊子的超越與開放，實在是吾人意欲脫卸世間（人文）一切之對立，以及隨之而來的糾葛與交纏之苦痛的不二法門，那麼回歸生命、回返自身、回到言詮之本與意義之源，才理當是眞超越、眞開放、眞自由、眞本事。

二、情意與邏輯的交纏及糾結

本來，吾人生命存在之所以為一主體性的存在，乃已然是吾人自覺意識自主出發之後，才可能獲致的智性成就——而若以莊子「德者，成和之修也」（《莊子・德充符》）的角度看來，此智性成就即是「德」，亦即吾人之自我成長與自我保全——「保」生命之自然，「全」天性之本然，而自然與本然又可全歸於吾人自知自覺、自醒自察的性靈之自由，以及精神之升揚。

由此看來，莊子展開其語言批判論，從大知與小知之辨、大言與小言之別，以至於「其發若機栝，其司是非之謂也」（《莊子・齊物論》）的意義診斷，他顯然是把吾人之語言活動和吾人生命內在情意之活動，放入相互牽連、彼此交涉的脈絡中，而因此發現人間是是非非的認知問題乃幾乎都和吾人私己之情意活動有所關聯，特別是在「有情有形」的形軀我無端地在「非彼無我，非我無所取」（《莊子・齊物論》）的互為主體性中，持續地展開「與物相刃相靡，其行盡如馳，而莫之能止」（《莊子・齊物論》）的逐物之旅，此實乃人生之大悲哀。而由此亦可見，語言之弊幾乎來自情意之病，而所謂「道隱於小成，言隱於榮華」（《莊子・齊物論》），則更是莊子語言批判論的核心原則——是知識論的原則，也是存有論的原則，而語言之連帶知識，以及語言之結合存有、透顯存有，以至為一切存有之意義舉例、作證，甚至通過明喻與隱喻，構建了人文世界厚實的基石，則一方面是語言正向且多向的功能運作，另一方面，卻也同時教吾人不能不為所有語言活動可能之流弊與禍患，擔負起相對性與相應性的責任。

同時，「心齋」之以「虛」容一切實存之物（此「物」即語言思維之標的），而終不落入特定的心理意識的封限之中，以至於「坐忘」之超越形軀我與認知我，此一去假存眞的還原之路，在在是莊子的語言批判澈底發揮其作用於吾人生命之精神與內化之心靈，所獲致的珍貴的智性成果。當然，在現代語言觀的對照之下，莊子將情意活動與語言活動作直接之聯繫，其間仍然存在著不少問題，特別是其「三言」的本質意義究竟何所指，此一根本問題若無法善解，那麼莊子之試圖超越一般的語言邏輯，除了消極的避害（如他直言「未成乎心而有是非」，又如他具體描述「一與言為二，二與一為三。自此以往，巧曆不能得，而況其凡乎」的語言困境）之外，又到底能夠引發哪些正向而積極的生命意趣？而這便是根本的人文課題。當然論者如此斷言「三言」，仍有其眞實之意涵：

從現代語言哲學來觀照《莊子》的「寓言」、「重言」與「卮言」，可以說「隱喻」正是「三言」的本質。在隱喻中，「能指」、「能喻」失去了或阻斷了具體的「所指」、「所喻」。換言之，隱喻的陳述所帶來的不是具體的名稱，不是對象，相反的是消解了對象，消解了具體的指稱，它所關涉的並不是必然無疑的事實，它不是「對的」，也不是「錯的」陳述。《莊子》的「三言」正是這樣的隱喻。⑤

因此，若莊子眞的認同「終身言，未嘗言；終身不言，未嘗不言」（《莊子・寓言》）的基礎性原則，那麼他經由「三言」而有所言，有所不言，也理當與其「得意忘言」之論有所呼應，而莊子之言與不言，也便就是莊子安頓生命、曲全人道的不二法門——如其所言：「天下有大戒二：其一，命也；其一，義也。子之愛親，命也，不可解於心；臣之事君，義也，無適而非君也，無所逃於天地之間，是之謂大戒。」（《莊子・人間世》）原來，人間有兩大律則、兩大規範，它們都有眞切而實在的普遍性與共通性，而「命」自不待言，它乃不言而自有其定理與定數，「義」則大有可言說、可議論者，如現代之公共性議題一般，可以交付公共場域來討論來處置，而這當然和語言的公共性有實際的關聯性。

⑤ 朱喆〈道言論——先秦道家語言哲學研究〉，《哲學與文化月刊》二十八卷第一期，頁五十五。

其實，對語言活動之生發於人文場域，以及語言邏輯之與吾人之心靈圖像交纏成複雜的生命內在構造，莊子顯然有高度的警覺與體悟。否則，莊子似乎不必那麼在意人間價值判斷之干擾吾人之本心本性，而他也或許不必提出那麼具體的洗卻吾人心理塵垢的實際做法。對此，吾人是可回返平等而樸質的感官經驗與心理意識之活動，彷彿維根斯坦的描述一般，「體驗一下意義，再體驗一下心靈圖像」，而這或許有助於吾人對莊子所倡言的高明的「齊物」、精純的「心齋」，以及自在解脫的「坐忘」，有一些立基於意識底層的言說的可能性可以有所把玩：

體驗一下意義，再體驗一下心靈圖像。「在這兩種情況中」，我們想說，「我們體驗到某種東西，而只有某種不同的東西。一種不同的內容提供給——呈現給——意識。」——什麼是體驗想像的內容呢？答案是一幅圖像或一個描述。而且什麼是體驗意義的內容呢？對此我不知道該說些什麼。⑥

⑥維根斯坦著，尚志英譯《哲學研究》，頁二七七。

當然，維根斯坦的哲學取徑乃由其「心靈圖像」一逕邁向其所構作的「語言圖像」，而這和莊子以「工夫論」爲核心所展開的生命意向顯然跡近「同工」，實則「異曲」——所以「異曲」，乃因二者各自所對應的人文場域與生命型態有著本質上的差異。不過，如果我們能自由自在地穿透維根斯坦殫精竭慮以赴的語言邏輯，那麼莊子所自行開發出的生命體驗之道，便將引領那由此而不斷生發的生命意趣盎然流動於此一身心交感、人我往來的脈絡之間，如此一來，我們便可出入於感官意識，又能超然於形象之外，而終獲得眞自由、眞自在。

原來，超越與開放之旨趣乃幾乎全在於眞實之自由與眞實之生命，而唯有獲致眞實之自由，吾人才可能在此一交相「假借」（「假」者，條件之別名；「借」者，關係之運用）所構作成的人文世界裡，發現生命眞實之內涵——此一眞實性，往往爲吾人之主觀情意與知性邏輯所蒙蔽、扭曲。而若吾人在莊子思維的歷程之中，意欲尋找一足以登高望遠的制高點，那麼經由工夫之進路，從而在「心齋」與「坐忘」的心地開發過程中所不斷獲致的意義結晶，便未始不是建構人性高臺的基本元素。也就是說，顯然唯有在生命實踐的向度多方延展之際，吾人才可能以生命之工夫對治生命之病痛，也才可能有機會經由生命自由之實現，來體驗生命意義之內容，而不會只是停留在心理活動、認知構造，以及莊子所謂「喜怒哀樂，慮嘆變慹，姚佚啟態」等情意發作的表象交接之間，任由吾人言說之活動與價值之思考相互爲用地蘊積出種種已然離卸生命本眞的空洞音聲、淺薄形象，以及諸多如同廢棄之物般的意見與偏見，甚至於一味地在世間無端造作的空穴來風擾動之間，以薄脣與軟舌之自家利器意圖挾持知識的片面性、單向性與封閉性而自矜自是、自滿自足，而竟忘了語言與認知二者乃各有分際，各有限界，各有其本事與職責，又豈容吾人攀緣附會於人文周邊之景致，而渾不知物我齊同的高明氣象，以及專一精純、自在自得的心靈造詣？

或許，莊子儼然當得起「語言的病理學家」，他了然於認知與語言作爲人文工具的用處與限度，而二者之對照對比於「道」，正是莊子語言哲學內藏之最眞實之意義張力，如其所言：「道不可聞，聞而非也；道不可見，見而非也；道不可言，言而非也。知形形之不形乎！道不當名。」（《莊子・知北遊》）顯然，莊子一方面善用其知性之刃，而在有所知亦有所不知，有所疑亦有所不疑的明暗不定之際，找尋眞實的智性之光。因此，吾人似乎只能說莊子有懷疑之精神與懷疑之方法，而卻不能徒然斷言他是個拘泥於知識論意義的「懷疑主義者」（sceptic）。另一方面，吾人則應理解語言思維實不當受限於種種的私有性、隱匿性與暗昧性，而大可揮灑其作用於公共性、開放性與未來性之中，而這大概就是莊子對語言與認知的態度所以不耽於方法論的窠臼，卻又能跳出茫茫然不知所終的語言遊戲的圈套，而終能灑脫自在於生命風光自然映現之際的眞正的理由吧！

三、夢醒之間的語言通路

一般而言，「道」作爲道家核心之概念，其普遍性、根本性、絕對性與超越性自是昭然若揭，但是，莊子在批駁名家之詭辯之後，竟然高倡「天地一指也，萬物一馬也」（《莊子．齊物論》）的玄同奧義，表面看來這似乎還是另類之詭辯。不過，在吾人之語言思維一逕推演出「無物不然，無物不可」（《莊子．齊物論》）的超越理境之際，前述維根斯坦的體驗之說，以及其所建立的心靈圖像似乎可以派上用場。也就是說，任何一幅具有認知意義的圖像或一段具有脈絡性的描述，其語言性（包括可言性與不可言性）其實都在吾人心靈意識可及的範圍之內。因此，當維根斯坦如此提問：「當一個人能掌握心靈圖像時，他就能掌握意義的理解嗎？」⑦我們也一樣有權利如此地向莊子發問：「當一個人體驗到『道』的存在是如此地玄妙莫測，如此地寂寥無邊，如此地全然無所依傍，他又到底能掌握到什麼有意義、有趣味、有著諸多向度的理解？」然而，我們在「天地一指也，萬物一馬也」的「大共名」背後，是否能夠有機會揭顯出解決問題的任何端倪，而這樣的問題卻也可能是那具有「知者不言，言者不知」（《莊子．知北

⑦ 前揭書，頁二七七。

遊》）的自知之明的莊周不怎麼在意的次要的問題——只因爲「元問題」總是深藏不露，而一切的「後設」如果只是在「道未始有封，言未始有常」（《莊子・齊物論》）的先在性之後畫蛇添足地以理性思考規定出所謂「八德」（左、右、倫、義、分、辯、競、爭）的語言變項，那麼「後設」者也，便恐怕會是治絲益棼的徒勞之舉了。

不過，要讓恍似階梯般的語言不再誘人向高處攀爬，卻也有些不近人情——因爲「人情」自有諸多管道多向度地通向人文之場域。因此，莊子乃坦然面對人間世，請出顏回示現「內直」、「外曲」、「成而上比」的人性展延的意義通路。其間，由天而人，自內向外，並且教吾人在歷史文化的漫漫歷程中，爲自己做出眞實的自我定位與自我認同。由此看來，語言之爲工具、媒介與橋梁，其階階相接相連的形象竟然可以直立、倒立，或者平放於任何形式的鴻溝或間距之上。而如今有人高談垂直思考與水平思考，這若被放入莊子體道、行道的路途之中，則又可能只是足資玩索的某種步調，或竟是那不經意落下的腳印罷了。

當然，莊子在其齊物哲學的整體性思維之中，並未曾輕棄任何有意義的表述、陳述與論述。只是這人間世實際上有限有度，有範有圍，有各種相對性的情況或境遇，屢屢以偶然之姿，不斷地向我們展現誘引、迷惑，以至於跡近「遊戲人間」的各種態勢與動作——而語言便往往是一大助緣，或竟恍似那在忽明忽暗的巷弄裡迎風招搖的面面旗引領迷途之人步步向前。在此，我們還可順此一眞假莫測的體驗與感悟之途，向莊子虛與委蛇的現象界，討一些信息，要幾分證據——「信息」自在人心，而「證據」又何嘗躲得過清明理性的審視？因此，若吾人順此一多少帶有現象學「存而不論」的還原之路向前行（又怎麼確定不是「向後退」？），那麼「言語如鏡」的至人之用心，也就可能是人文世界中的面面景、扇扇窗，而景自窗外悠悠然升起，窗裡於是有景致緩緩而來——這在莊子「夢之中又占其夢」的迷離狀態中，乃恍似遠方燈火般，兆示著足以超離弔詭之義的「道」的奧妙，而道在人心，心外無道，又豈是禪學獨享之權利？在此，莊子之夢與覺的對反性與相偶性，甚至彼此互有出入、交迭出現的共在性與融貫性，實値得吾人細細參究。至少，在將宇宙表象比擬爲另類語言的所謂「化聲」之中，我們是仍然有機會來理解那「振於無竟，故寓諸無竟」（《莊子・齊物論》）的言語的生生之道與變化之場——這自是充滿意義與意趣的另類生態，而我們不管自夢中醒來，或者悠然入夢而去，其實都不妨礙我們心靈自由之翺翔與飛揚，因爲那「周與胡蝶，則必有分矣」（《莊子・齊物論》）的所謂「物化」，乃已然是任何語言所無能全般指涉者。其間，做夢的我們，醒來的我們，能醒來又入夢的我們，又何必執著一字一詞的範限與分寸？在此，且讓「清醒」、「覺知」與「體驗」成爲言語的隨身之寶，而如此一來，我們應該就大有心情來再次聆聽維根斯坦的這一段話：

> 如果我說昨夜我沒做夢，那麼我肯定知道到哪裡去尋夢。即「我做夢」這個命題應用於這種實際情況，可能會錯，但絕不會無意義——這是否意味著，你畢竟感受到了某種彷彿是夢的暗示的東西，而這種東西使你知道了夢所占據的位置？⑧

看來，夢境本無色無味，亦無現實意義的時間流動與空間擴延可資借鑑。不過，在莊子自造其夢並自解其夢的智性（此智性乃「自知之明」的具體化）歷程中，一般之思辨實在難以掛搭，而它也無須吾人多所附會與眷戀，因爲在維根斯坦自我肯定「我做夢」的理性思索之中，那「夢」其實已被對與錯、是與非，以及眞與假的二元邏輯所查探、檢證，而莊子的夢雖彷彿歷歷在目，影像繽紛，但他在夢與覺之間的弔詭接引之下，卻依然能夠一再地回應著吾人自身所執持的主體意識，繼而在超乎主客對立對反的關係遷變游移之際，大展其清醒與覺悟的心靈風姿——而心靈之所以有綽約之風姿，乃因吾人之爲「我」與世界作爲「他」，二者實乃共享一切存在及其意義之根柢，因而在彼此相參互照的「物化」歷程中，能夠各自守住自身的存在現場，並且一起照護著足以包容任何對反的雙方共存共榮的意義脈絡。

---

⑧前揭書，頁二〇〇。

至於言語之爲用，又如何能夠順順當當地介入於夢、醒之間，而自開出一道道充滿各種音聲、符號與趣味的通路？本來莊子可以無言，可以寂靜，可以將言語一逕地落向任何詮釋者不必施展其詮釋利器的默然之境。不過，莊子既有三言，又善用其三言，他於是悠悠然自夢中醒來，而且醒在夢裡，醒在夢外，醒在無所不夢亦無所可夢的天地之中——如此一來，所謂「眞人」之所以能夠「其寢不夢」，並非他的生理結構與心理情態異乎常人，而是因爲唯有「眞人」方有「眞知」，而「眞知」也只歸屬於「眞人」。由此看來，吾人之所以能夠斷言莊子的語言自有其生生之道，同時自有其變化之場，只因爲「道」在語言表述的過程中已然現出無數之「分身」，而「道」之所以有其「分身」，也只是因爲「道」如水流般通透於物物之間——對此一跡近「泛道論」或「道遍在論」的觀點，吾人似乎可以借用新柏拉圖主義（Neo-Platonism）的流出說（Emanation）與分享論作一些比擬，而因此可以在莊子行走於夢醒之間所依序落下的行道與體道的足跡迤邐之際，以兼具參與者與觀賞者的身分，掘取些許的趣味，品嘗少許的滋味，縱然一切依舊在不言而無語之中。

至此，吾人之審視理性，運用理性，以至於大肆搬弄概念、理論與系統，是該當有所克制，有所撙節，並從而以謹愼的態度與寬容的心胸，來接納所有的不明不白、不清不楚，以及一切的不決定、不限制、不準確。而如果吾人能因此放過人間一切的表述、陳述與論述，而不再斤斤於自我中心、理性中心、文明中心，以至於人類中心的心理習氣與意識型態，那麼莊子如夢境般的語言及似幻境般的思維，便將可大顯其意義效應於邏輯性的形式與模套之外。如此一來，有著詩人形象的莊子與具有智者名分的莊子實乃共有一身。而在一路迴避語言陷阱與意義窠臼的腳步之間，莊子何嘗踉蹌顛步？何嘗無端跳躍？又何嘗故作神祕地使弄某種禁不起檢驗的所謂「眞理論」，或竟玩弄某種神祕主義的特殊符碼？

當然，莊子眼底自有其「實」，莊子心中自有其「眞」，而所以眞、實的緣故，應是因爲清醒與覺悟的力量早已透入灰濛濛的生活環境，如旭日初照般，讓暗夜迷霧逐漸褪去。而莊子之所以努力地構造語言階梯以上達於「寥天一」，以拉拔起吾人頹喪之志，而終可奮興於機趣盎然的天地，緣由正不外乎「多音複調」的三籟（人籟、地籟與天籟），其實始終應和著自然虛寂的天地——人文之「多音」本自有其多律、多階與多變之可能，而「複調」之交響不正是無聲之天籟自自然然的寫照？如此，有言而能說又善言善道者，又何必終日嘮叨不已？而「道」的奧妙不正已流瀉於夢醒之間無數的語言通路，而終悄悄籠罩著不再仗恃耳聰目明的平和而靜謐的心靈？⑨

---

⑨ 賴錫三以「當代新道家」為主標題，同時以「多音複調與視域融合」為副標題，集結其相關論文成書，其學術關切之重點所在，並不在歷數當代中文學界對道家學術思想的研究成果，而在於突顯道家思想在具現代性的觀點照

原來，言語如風，意義似雨，而那能言善道之人則兀自挺立於風風雨雨之中，一再地示現語言文字內蘊之奧理與妙義於此一滿布多元人文脈絡的生活世界之中。然而，一旦言說之動作已然由言說之主體發出，那麼言語便將形同離弦而出的箭矢一般，一路夾帶其多重之象徵與多變之兆符，而終於在既開放又超越，既包容又分疏的存在向度之間，衝決情意與邏輯所連結成的細密而繁複的網羅，並由此拓開出足以讓吾人優游於夢、醒之間的縱橫交貫的生命通路。

看來，言而有所夢，夢而無所說，此一弔詭乃始終在吾人的清醒覺知之中自在地流轉——流露出的是那眞實無妄的存在之相，轉動的是那難以言詮的自由之輪。如此一來，吾人乃能因存在而有一具實之自由，並因自由而更能體認存在的眞諦。

誠然，「夢中說夢」乃虛幻之言，而「言下忘言」又怎能徒然交付給那些全無夢想與盼望的無聊之人？

應之下所呈現的多元面貌與多變型態。其間，賴錫三將莊子之語言歸結為「體道的寓言故事」，並將之比擬於禪家之公案，而在「說道氣象」的隱喻手法中，斷言《莊子》乃是綿綿無盡、環環相扣的故事新編與集成。筆者認為賴錫三鑽探莊子語言觀所獲致的諸多論點，基本上符合本篇之斷言莊子語言之兼具階梯與通路之二重喻意，而且其所謂「多音複調」與「視域融合」也正呼應莊子大肆運用三言以發露三籟意趣的宗旨。以上請參照賴錫三《當代新道家：多音複調與視域融合》，臺北，國立臺灣大學出版中心，二〇一一年，頁三三七—三九三。

看來，莊周時而有言，莊周時而無言。有言者不必然有心，而無言者也不盡然無意，端看吾人如何在語言的階梯上做那自主而屬己的心靈動作，又如何在詮釋活動的輪轉之間悠然現此一自由自在之身了。

第二節　莊子齊物哲學的道物合一論

莊子的「齊物」理想蘊含極其豐富的哲學意趣，它重構了道與物的關係，而全面敞露了莊子齊物哲學「道物合一」的意理脈絡，並且始終不落入當代抽象思考所可能肇致的理論陷阱。其間，莊子對理論化與系統化的批判，以及其已然近乎「情境倫理」的存在體驗，並同時展開其對世間語言邏輯所構作的「封閉系統」（closed system）的深度反思。因此，所謂「道物合一」之論是否為一形上學命題，其實依然值得吾人持續探索，而道與物究竟能否合一，又究竟如何能夠合一，如何不能夠合一，也在在値得吾人進行多面向的思考。

道家之爲道家，顧名思義，即是以「道」爲其思想核心與關鍵概念的哲學流派。然而，在以「道」爲基礎原理的思維系脈遞延之途中，已然出現多元性意涵的歷史進程裡，道家之言「道」論「道」，並且進而爲「道」建構一飽含意義的語言脈絡——從老子斷言「道可道，非常道；名可名，非常名」（《老子・第一章》），到莊子認定「夫道，有情有信，無爲無形；可傳而不可受，可得而不可見」（《莊子・大宗師》）。其間，則顯然出現了二分，「可道」與「不可道」、「可名」與「不可名」、「有情有信」與「無爲無形」等涉及吾人認知能力的對立的概念範疇，並由此演生「道」與「物」、「道」與「氣」，以至於「道」與「人」、「道」與「心」等二分系統論的特殊觀點。

而若吾人理解莊子哲學關於「道」與「物」之關係的相關論述，乃是以《莊子》內七篇中的〈齊物論〉爲主要的文本根據，則吾人似乎可以進一步通過對〈齊物論〉的意理分析，來探究莊子的「道觀」與「物觀」，以及他對道、物二者之間的關係究竟有對或無對，又究竟是否和合爲一，所已展開的哲學思維以及由此而推擴出的觀念網絡。如此一來，吾人便可以在一定的程度上，了解莊子齊物哲學的基本關懷及其已然成形的思考進路。

一、開放性的解構思維

在此，我們顯然應當先就理論或理論思維的眞實意涵，依莊子的觀點予以明確的斟定。一般看來，解讀莊子的語言，許多研究者往往從莊子自己所揭櫫的「三言」（寓言、重言、卮言）入手，而這樣做，卻可能落入語言邏輯的「封閉系統」中。除非，我們先行警覺「封閉系統」所可能肇致的意義危機。

當然，從當代語言哲學的角度，來探索莊子齊物哲學所展開的邏輯結構，我們是很有可能落入語言的框限，而在「是其所是而非其所非」的認知活動中，一再地與那些「封閉系統」相周旋。因此，在意圖邁向所謂「形上」的境界的同時，如何反省我們自身所運用的思考模式與言說方式，而持續地對那些以自我意識爲核心的主觀性內容，進行深入的挖掘、澄清、過濾、揀選與澈底的再造，實在是一項無比艱鉅的工作——而在此一勇於面對危機、困境，以至於生命苦楚的個體的自覺自醒歷程中，除了一般性的文本解析與哲學史的再脈絡化之外，我們可以從事的努力，似乎還可以包括：還原思維活動的本來面目，回歸問題意識的眞實內涵，以及重構那以「我思」、「我在」、「我與一切同在」爲核心的主體性意涵。

由此看來，除非我們善用此一自我反思與自我批判的能力，否則我們再怎麼用心於理論之組裝與學術之經營，也終可能無法與那兩千多年前的哲學家真正照面。在此，就讓我們直接進入〈齊物論〉的字裡行間，來和哲學家所留下來的具體材料，進行直接的接觸，而先不必急於在所謂「道物關係」的課題中，運用既成的「道」、「物」與「關係」等概念作一些組合或重整的工作，而竟因此落入已然定型的論證模套裡：

子綦曰：「夫大塊噫氣，其名為風。是唯無作，作則萬竅怒呺。而獨不聞之翏翏乎？山林之畏佳，大木百圍之竅穴，似鼻，似口，似耳，似枅，似圈，似臼，似洼者，似汙者；激者，謞者，叱者，吸者，叫者，譹者，宎者，咬者，前者唱于而隨者唱喁。泠風則小和，飄風則大和，厲風濟則眾竅為虛。而獨不見之調調，之刁刁乎？」子游曰：「地籟則眾竅是已，人籟則比竹是已。敢問天籟。」子綦曰：「夫吹萬不同，而使其自己也，咸其自取，怒者其誰邪？」（《莊子‧齊物論》）

顯然，如此以摹繪的手法，再現大自然之情狀的具體性思考，和那些以抽象性概念為元素所鑄造出來的理論性思考，著實大異其趣。不過，在那「風」幾乎無孔不入的情況下，所引動出來的，卻不只是一大堆的感覺、思緒、想像，以及無可如何之關懷。當然，我們也不能無來由地鑄造出所謂「風的形上學」（metaphysics of wind）的新辭來。因為在莊子可以直接親近大自然的特殊條件下，他其實不必如同那些學院式的哲學家一般，只憑藉主體性的思考來對應那些往往無端地被「客觀化」或「對象化」的實有世界——在此，所謂的「世界」也應只是方便之辭，因為對任何一個尚未把自己作為存在者的身分，全然對立於周遭環境的個體而言，整體性、機體性或全體性的意涵也許理當無所不在，而恍似那風一般，又何必在形而下與形而上之間，吹出什麼特殊而固著的「意向」來？

風也是從「大塊」發生的震鳴。有個孩子曾自言自語地說：「如那些樹枝不那麼搖動就多好呀！如果它們不動，我們就可以沒風了。」這句話真是有意思！風就是樹枝的搖動，可是我們又覺得風有其自己的獨自獨立的存在。所以我們也可以說風吹搖樹枝，甚至吹折它們。其實風既不是獨立的存在又不是無有。當枯槁的樹枝碰到風的時候，我們聽見聲音。槁木、風吹、聲音，這三者皆有一個特質——它們既不是獨立的存在，又不是無有。風吹是震動，本身是無有的，是某東西的震動。當然那個東西本身也不是震動，可是我們真的可以說一個東西不是它本身的震動嗎？除了它的特殊的震動以外有什麼東西是「它」呢？⑩

以上是吳光明對莊子的「風」的想像，作更進一步的哲學聯想，基本上這仍然不是理論的，更不是一般的形上學思考。因此，在試圖透過此一由風所引動的莊子寓言，進行另類的哲學思考的過程中，我們身爲《莊子》一書的解釋者，卻不能不注意以下三件事情：

（一）「風」本身並非言說者，亦即它不是莊子所謂的「言者有言」。因此，我們所言說者便都不是「風之言」，而是「人之語」——是我們以思維主體與言說主體的立場所吐露的。

（二）風所以能被我們知覺，是因爲它能動，能使我們周遭的事物震動，而讓我們有所感知與覺察。因此，風之所以能吹動流動者，除了在我們既有的「因果」之思考邏輯中所能予以理解者，我們實在不能無端地搬弄出一個「怒者」來——莊周之「自然」，便似乎隱身在「怒者其誰邪？」的問號之後。

⑩ 吳光明《莊子》，臺北，東大圖書股份有限公司，一九八八年，頁一九四。

（三）縱然我們有了《莊子》這本書作爲文本根據，也不當漫無章法地以個人的想像，去踵事增華地再造出一個個「莊子」來。也許，主張「創造性的詮釋」可以通行無阻的哲學家是有權利在個人的心靈王國裡自恣自肆，但莊子自是莊子，莊子的寓言也自有其時代性、文化性與哲學性，它們又怎能被後人運用邏輯之刃細細解剖，而落得支離破碎？

當然，既有了邏輯思維之能力，我們便不當逃避此一實然之世界，而也因爲同時具備了想像之能力，我們更理當謹慎地向那未知之世界伸出友善的雙手——莊子所以大量運用寓言，理由正不外乎此。而他在理論思考之外，所從事的解構活動，除了爲澈底消解世人之「成心」之外，其實也自有其突破「封閉系統」，以望向未知世界的一股嚮往之意向。而莊子深心之嚮往，無非是在那「言而無言，知所不知」的跨界域思考（cross-boundaries thinking）之中，隱隱然蠕動著吾人心靈之原素，以喚起吾人生命內裡深沉之醒覺——莊子所以認爲道無所不在於此無限之實有世界，亦即那風所以自由自在地吹動著一切的一切，並不是因爲莊子自有一套形上學的理論系統，而只是因爲他的生命本就在動中動著，在一切的一切中探索著一切。因此，道與一切之物乃本無限界，本無阻隔，本不對立，而此「本然」之思考亦不必特別強調其可能演繹出的邏輯思維——對莊子而言，一切「後設」之思考幾乎都可以回到「還原」的心路歷程，而「還其本原」也當是一無盡之歷程，吾人既身在（也必在）此一歷程之中，瞻前又顧後，「道」於是無限延伸，而那「物」不也明燦燦地在其所在，現其所現，它們又何必多所言說，它們又何能阻擾我們各說各話的各種主意和主張？

二、道物無隔的哲學想像

當然，設想莊子自有其宇宙觀，並無不合理之處。因爲莊子如同我們每一個人，他的心目中自是有天有地，有物有事，有人有情，如此一路延展，逍遙之遊才可能自在地演繹開來——這當是莊子「生命邏輯」之展開，如吳光明所言：

〈逍遙遊〉篇可視為人生思維論法的活性的寓言。這種思維法反映生物的有機組織性。這種思維有活的組織、結構，在反映生物或生命的體系。生命猶如大鯤，默默地浸活在宇宙的冥淵中。這種沉默生命的深浸體系遲早必定化成另一體系，鵬鳥似的體系，然後與他物始有相笑的關係。無論這種有系統的思維是像魚深浸於人生深水中，或像鳥高飛於抽象的天空上，這思維總要有其自如，自性的自律，可是同時它也不可以過分地自知自覺。太自覺太組織化的思維系統常趨硬化，以致不是陷入不合實際就是變成庸俗不值提論，而致將活變的生命實況強硬套進固定死板的體系裡去。無論如何地修改這種體系，這種不自然的強死套上的弊病是無法避免的。思維的體系性對這思維本身要隱藏不見，如樹木看不到自己的成長一樣。也許樹木在陸地上等於魚在水中。⑪

如此的「生命邏輯」，其實旨在敞露屬於生命存在裡層的意涵，而此一持續地與物周旋的思考型態終將伊於胡底？卻沒有人可以預知預測，因爲莊子所揚棄的「早計」，一方面不容吾人無端地加以套用，另一方面則已然「默默地浸活在宇宙冥淵中」，而不言不語地一直沉默下去。至於它是否「必定化成另一體系」，卻依然不許人們任意斷言，否則，「早計」成了「預言」，「預言」又助長了「神話」，如此一來，哲學與宗教之間的糾葛，便可能在道與物、道與人的間隙之中，無來由地不斷纏繞下去。

對此一攸關莊子思想是否可能出現內在矛盾的哲學問題，陳鼓應對莊子此一涉及道與物的意理關係的根本課題，他基本上有底下兩個觀點：「由道的普遍觀點來超越主觀

⑪ 前揭書，頁一六〇。

成見」，以及「由道的無盡大化來面對死生問題」[12]，筆者以爲這仍然是一種形上學式的論斷，它雖然沒有哲學性的嚴重瑕疵，卻也同時留下了兩個問題亟待吾人做進一步的處理：

（一）道的普遍性究應如何在莊子的哲學想像中被證成，而同時不必被無端地抽象化？

（二）既以「無盡大化」來點明「道」的眞諦，那麼那「無終始」的道，又如何能安頓好「有死生」的物？

顯然，第一個問題涉及道家的知識論，它特別和「普遍性如何可能」的問題息息相關。也就是說，在吾人作爲認知主體的立足點上，所謂「道的普遍性」之所以能超越吾人主觀之成見，顯然還是必須通過「吾喪我」的工夫，才可能不斷地避免抽象化活動所衍生的意識之危機，而這亦即意謂那大知與小知、大言與小言的對立、乖張及扞格，確實可能肇致人間價值之錯亂、意義之失落以至於理想之湮沒，而此一恍似「生命災難」

⑫ 陳鼓應〈論道與物關係問題：中國哲學史上的一條主線〉，《臺大文史哲學報》第六十二期，臺北，二〇〇五年，頁一〇九—一一〇。

的開端原就在於心靈、思維、知識與語言所一併滋生的芽櫱——這就是「自我」之意識所以成形的根由所在。

因此，莊子乃正本清源甚至逆向而爲，從「吾喪我」之脫卸「小我」與「假我」，而一逕進入「無我」之境以豁顯「眞我」的本眞狀態——風吹而發響出聲，即此一本然而自然的眞實情狀之描摹，這其實就是爲了掃蕩人間是非，而設法從人籟、地籟脫逸而出，向那「天籟」寂然的境界一路邁進。而天籟無聲無響，正暗喻回歸自然而無爲無言，如此一來，道的普遍意義乃能在哲學的語言批判與知識的反思之中，逐漸露出頭來，而吾人之主觀成見便終能如眾流之入於海，一切心靈、思維與生活造作所引生的種種現象，也才能經由「攝用歸體」之回返與還原，而上達於「自然即自由，眞自然即眞自由」的境界——如此的哲學想像其實已然是吾人思維、語言與心靈和合爲一體的生命體驗。其間，「道」自在而實在，而知道、體道之人乃無所言，亦無所不言。如此，那所謂的「道的普遍性」又何足掛齒呢？

至於所謂的「道的無盡大化」，則是從時間性與變化的思考向度來作觀察，以顯發「道在天地」的實存意涵，而進一步讓那體道、得道之人可以超克死生（其實超克的是「愛生惡死」的情欲之執），可以向那無死亦無生、無終亦無始的超時間的境界，作身心踴躍的投注與奉獻——這自是和一般之宗教信仰不同，因爲死生問題對莊子而言，並不涉及生前與死後的光景，莊子只是以極爲素樸而眞摯的生命態度，來面對「人是一向死的存在」的既定的事實。因此，他消解生死有隔的策略乃從吾人之生命觀與死亡觀下手，並且死生並言，死生同理，而將死生作爲一種現象，放入「道法自然」的意義脈絡裡，以充分理解吾人作爲一個有限的存在者的身分，其實始終在那無死亦無生，無終亦無始的自然狀態裡，而也唯有如此勇於對比生與死，對比人與道，對比道之無限性與一切物之有限性，吾人才能在有生有死的實然狀態之中，尋找一安身（心）立命之道，而這應該就是了生脫死之道——它不必尋求超越者、主宰者、創造者與終極者，因爲死亡並未與生命爲敵，而「終極」也從不曾和那有始有終者結下任何的不可解的冤仇。

由此看來，道與物之間其實無隔無礙，而此一哲學想像乃在莊子特殊的生命邏輯、存在邏輯與心靈邏輯之中，不斷地在「天地一指也，萬物一馬也」（《莊子・齊物論》）的大前提之下，推衍出「聖人和之以是非而休乎天鈞」（《莊子・齊物論》）的兩行之道——是非兩行，而眞假有分。兩行的是「知通爲一」（《莊子・齊物論》）的達者之心，這其實就是那包容涵攝的廣大的思考向度，而有分有辨、有同有異的，則是吾人細細編織的思維網絡，它們終可能落入「是非之彰也，道之所以虧也」（《莊子・齊物論》）的地步。如此一來，「道」的思考與「物」的邏輯便將始終相對而有隔，而「物」也終將在實然性的基礎之上，衍生出含混著必然性與或然性的主觀性造作——此一「造作」其實正不外乎是指向種種之「物」的對象性思考，而設法解開對象性思考的糾結與纏縛，即是莊子「以道觀之」的超越性思考的眞實意向，而此一「目的」則已然卸除了一般之對象性、指謂性與目的性。

因此，莊子所以坦言「天地與我並生，而萬物與我爲一」（《莊子・齊物論》），理由並不難明白，因爲只要吾人不一味地運用那具有所謂「客觀性」的思考模式去硬套那種種之「物」，而還一切之「物」於一切之「物」的自然與本然——這理當不是循環之論，也不應是「套套邏輯」（tautology）。在此，對於那些把「道」等同於「第一原理」（first principle）的宇宙論觀點，所建構出的形上學體系，莊子應該興趣不大，因爲如果說莊子哲學其實只是隱藏其建構形上學的思維向度，而卻仍然對形上之境滿懷興味，應不等於意謂他已明明白白地構作出一大套包含著宇宙論、知識論以及形上學的成熟的哲學體系——當然，莊子自有他特殊的形上關懷，也自有他一心嚮往的精神境界，因此他幾乎全方位地展開對人間的語言、知識與價值的反思與批判。此外，莊子的天地似乎還有一大片近乎「無何有之鄉」的未知之境——其實這仍然是在道的向度之內的理境、情境以及不斷地「大其心」的心境。因此，莊子言神仙，吾人可不能任意地「當眞」看待。此外，〈大宗師〉裡的這幾段文字：

「孰知死生存亡之一體者，吾與之友矣。」

「彼方且與造物者為人，而遊乎天地之一氣。彼以生為附贅縣疣，以死為決疣潰癰，夫若然者，又惡知死生先後之所在！假於異物，託於同體，忘其肝膽，遺其耳目，反覆終始，不知端倪，芒然彷徨乎塵垢之外，逍遙乎無為之業。彼又惡能憒憒然為世俗之禮，以觀眾人之耳目哉！」

「且彼有駭形而無損心，有旦宅而無情死。」

杜保瑞曾對上述文本，做了以下的推論：

神仙世界是另一個世界，但此一世界亦應有與另一世界可以溝通的模型，那就是訴諸同於一氣通流的氣化世界觀。當然上述文本之所述意旨仍然不甚清晰，但是一氣化宇宙論以供生死流變互通之事，以及有一神仙世界的知識立場確是已經明言。作者向來認為，中國哲學的價值命題，背後必然隱含一套世界觀，就其建立理論、形成體系、以捍衛價值的哲學活動而言，無論宇宙論知識體系是先出還是晚出，價值命題必然需要在宇宙論知識系統中取得理據，這是中國儒釋道三學的意理建構模式，無論此一模式在各家系統中是否成功，甚至此一模式在哲學方法論檢證下是否有其根本可能，這都是向來中國價值哲學體系建構的實際情況，因此從研究理解的角度來說，先確定各家哲學如何配合著宇宙論知識系統的建構，而推證出價值命題的體系型態，即應是研究各家理論的第一步。⑬

如此的哲學思辯當然提供了吾人理解莊子齊物哲學的一個路徑，但在肯定莊子以「氣化」之概念爲核心建構其世界觀的同時，顯然依然必須善於斟酌「宇宙論」在莊子齊物哲學中的定位，以及「神仙世界」之所以成爲「世界」的認知意涵——如此之認知意涵恐怕已不是一般之認知意涵，也就是說，莊子確實吸納了古中國諸多之神話，而且將它們轉化爲他的哲學思維中的「活化」的因子，其過程其實也同時消解了宇宙論與世界觀的認知性意涵，而將「宇宙」與「世界」同時放入他那特殊的「關係邏輯」之中。也唯有如此，我們也才可能善解莊子將吾人與天地萬物合爲一體的眞實的用心，而莊周夢蝶的「物化」，便不至於被誤讀爲「逐物而化」的消極之詞——「和之以天倪，因之以曼衍」（《莊子．齊物論》）恰正是莊周式「關係邏輯」的具體寫照，而道物之間，

⑬ 杜保瑞〈莊子〈齊物論〉的命題解析與理論架構〉，《哲學與文化月刊》三十三卷第七期，新北，二〇〇六年，頁七十一。

以及物我之際之所以「其一也一，其不一也一」（《莊子・大宗師》），難道不就是莊子運用其「關係邏輯」以高張其哲學想像，以涵養其廣大心量的奧義所在？此奧義原不待言宣，更不必在理論系脈與概念平臺上大做文章——莊子的眞正用心在此，莊子的終極關懷也在此。

三、道物能否合一的問題意識

在探索莊子齊物哲學的過程中，我們也必須警覺：任何反理論、反系統的企圖與努力，其實都可能無助於吾人對「道與物能否合一」此一問題的理解——此一問題對莊子而言，顯然不是一個單純的認知問題。因此，如果只是一味地站在知識論的立場上，而在理論的建構與解構的正、反雙向運作的思維之間，去尋找一種知識判準，來對應吾人發自心靈內裡的「搜尋」（Quest）之活動，似乎很可能會落入「答非所問」的窘境。不過，就莊子從存在之感受到思維之詮釋，再到心靈之體悟的心路歷程看來，莊子對吾人作爲思維主體之「我」所不斷進行的充滿主觀性意義的搜尋，所做的解讀便是：不斷地對天地提問——所謂「提問」即是發現問題，問題就在提問的連續動作之間接踵而來，於是如此不斷地提問，其間流動的是心靈的因子與精神的元素，它們無影無形，無聲無息，顯然不必然會構建出理論系統的諸多介面。因此，莊子才會有這樣的體認：「故知止其所不知，至矣。孰知不言之辯，不道之道？若有能知，此之謂天府。」（《莊子．齊物論》）「天府」乃儼然是莊子哲學中那始終不洩底不揭密的「題庫」——有題？無題？若無題？若有題？原來只要我們能問，能不斷地發揮「問」的能力，展開「問」的意向，有題或無題已不必多所爭論，因為「題」（是主題，是命題，也可以是任何理論與系統的前提）是已然在「問」之中，而我們又何必一味地以「正」來對「反」，或以「反」來對「正」，進行那在「八德」（左、右、倫、義、分、辯、競、爭）之封限內的「研究計畫」？——在此，吾人也當同時理解任何計畫之所以會有「預期成果」，其實已在計畫之中被設定好，而所以能「如此」或「如彼」地設定吾人之研究目標，又不外乎計畫者個人的主觀的設定或預定。對此，莊子可能無言，因為他不是以「莊子哲學」為主題的研究計畫的主持人，他因此不必為計畫苦心焦慮，而只須不斷提問，根本不必擔心是否能問出「然」或者「不然」。

由此看來，莊子的「齊物」原理作為一種哲學的理想型模，其實仍然是吾人之哲學假設，因為物之所以能齊，對莊子而言，其中緣由並不只存在於具理想性意涵的哲學思維之中——「齊物」之所以然、所以不然者，仍然在莊子的問題意識中被不斷地搜尋、追問，並且不斷地被掀開為文本之脈絡。因此，如果我們再從整體主義與機體主義的觀點，來檢視「齊物」的意涵，我們是仍得回歸道與物能否合一的問題意識之中，才可能不至於無端地又讓整體主義與機體主義爲了建構那「齊」與「一」的理念，而落入個人早已預設的理論企圖與系統規畫之中，甚至因此徒然流爲一種成心、成見罷了。

因此，論者以爲「天地與我並生，而萬物與我爲一」乃是一個「最整全」的命題，似乎仍然值得進一步的商榷：

〈齊物論〉本體論觀念中另有一重要命題應予提出討論說明者，即其言於：「天地與我並生，而萬物與我為一」者，此一命題是指出，事實上一切議論皆因成見而來，故而皆非真理，既然一切分別彼此的議論皆非真理，那麼就只有建立一個「天地與我並生，而萬物與我為一」的認識了，如此則是包容了一切議論的結果，這也同時是一個對待社會議論的最整全的做法，從此一路即同於〈齊物論〉論道的「未始有封」的義旨，更進而言之，當莊書中進入宇宙論命題建構時，「天地與我並生，而萬物與我為一」則將更在氣化宇宙論中得其更明確的觀念落實，即其言於〈大宗師〉之「死生存亡之一體者」也。⑭

⑭ 前揭書，頁七十六—七十七。

當然，我們必須容許以西方本體論與認識論二者並行的哲學進路來探索莊子齊物哲學的研究取向，但是爲了保全莊子「庸詎知吾所謂知之非不知邪？庸詎知吾所謂不知之非知邪」（《莊子・齊物論》）所表現出來的謹慎而含蓄的認知態度與心靈取向，任何研究者便不能不對個人的研究企圖與理論思考有所克制。因此，如果有人動輒認定莊子爲「懷疑主義者」，我們似乎也可以如此爲莊子說幾句話：

莊子為什麼懷疑？是懷疑自己身為「主體」的身分？還是懷疑這世界的存在的真實性？而「主體」對莊子而言，又意謂著什麼？「存在的真實性」又到底能如何顯豁於莊子開放的心靈向度之中？因此，在莊子的心目中，「道」何曾有言？又何曾無言？而「物」何曾現身？又何曾隱匿？至於「道」與「物」作為兩個概念，又當如何為那「道物合一」之論提供合理的意義線索？

也許，莊子對「意義」、「價值」，以及各種具理想性意涵的思考的標的物，並不太關心，而他也不曾在由意義、價值與各種理想之「物」所組構的理論介面上有過多久多長的駐足與逗留。因此，若我們通過「物物者與物無際」（《莊子・知北遊》），以及「彼方且與造物者爲人，而遊乎天地之一氣」（《莊子・大宗師》），這些具有

「道」的體現意義的文本，來解釋道與物的關係，而這乃是在「道之所以爲一」與「氣之所以爲一」的整體性範疇裡，所企圖獲得的理性的解決。那麼我們便必須同時不斷地卸下「範疇論」的概念的包袱，才可能比較有機會理解莊子哲學眞實的意趣，當然也就不必終日在充滿理論意義的篇幅裡一味地攀緣附會。

而問題終歸是問題，問題也一直在接近那所謂的「解答」——「解答」不離「問題」，而「答覆」（reply）也就在我們不斷的自我的「要求」（request）之中。這樣的一問一答、一來一往，便是「道」的顯豁，也是「物」的實現，而道與物的關係，便可能在吾人善用此一自我要求、自我應答，以至於自我顯豁、自我實現的自由之際，逐漸地明朗起來。因此，就問題意識的角度看來，「道與物是否合一」作爲一個哲學課題，它的實踐性、道德性，甚至是倫理性的意涵，是理當得到更大的關切與重視，而這也同時是把「齊物」的平等原理，轉入於與生命實踐攸關的自由的課題——論及自由，亦即論及吾人生命如何有種種可能、種種理想、種種未來、種種願景的哲學課題。由此看來，莊子的齊物哲學不應只是一種充斥著平等主義意味的哲學，而理當是一種以積極自由爲意向的哲學——而此「自由」乃始終在吾人生命裡層活動，而使吾人得以由不齊邁向齊同，由紊亂邁向和諧，由分裂邁向整合，亦即由關係的斷裂，轉向關係的復合而因此不斷地自我調整、自我復原與自我超越。如此一來，「道」作爲「過程」（process）的意義面向，是已然把「齊」當作是生命之行動——因爲唯有在「齊物」的生命精神展揚的過程中，吾人才可能「勝物而不傷」（《莊子．應帝王》），而終獲致「乘物以遊心」（《莊子．人間世》）的眞自由。至於「道」與「物」作爲一種概念，則始終在吾人本有的問題意識之中持續地發酵，持續地產生一定的意理效力。

四、結語

劉笑敢曾論及莊子和郭象各有其所嚮往的「逍遙」之遊，而因此形塑出兩種不同意趣的自由，在對比這兩種不同型態的逍遙與自由之後，劉笑敢於是有了這樣的結語：

> 從人生實踐的角度來講，莊子和郭象的學說都觸及了人生的真問題，他們都主張在無可改變的既定境遇之中選擇較好的可能的生活態度，並且去追尋某種自由的體驗。和現實的政治自由來比，莊子和郭象的自由都可說是消極的或內向的，但是和完全接受既定境遇而沒有任何追求相比，莊子和郭象的逍遙還是有其積極的

現實意義的。從個人主動性的發揮來說，莊子的逍遙比郭象的逍遙更積極一些；從普通人的實踐來說，郭象的自足其性似乎比莊子的超越的逍遙更容易實現。⑮

由此看來，我們顯然可以如此斷言：莊子的齊物哲學並不是以理論的後設命題爲核心，它的全般意義也不是任何運用「定言命題」進行表述的單向思考可以全然概括的。因此，說莊子的齊物哲學乃旨在開發那內在於吾人生命且具有超越意義的心靈自由、精神自由以及生命的大自由，似乎一點也不爲過。

⑮ 劉笑敢〈兩種逍遙與兩種自由〉，《哲學與文化月刊》三十三卷第七期，新北，二〇〇六年，頁三十九。

第五章

生命篇

說莊子是道家思想展延過程之中最具特色也最引人注目的代表人物，似乎一點也不爲過，而若以西方人文傳統與學術系脈相互連結而成的知識構造看來，莊子之學其實很難被括入某一特定的知識型態之中。不過，如要勉強鎖住莊子宏闊無邊、浩瀚無涯的思想浪波，而將其放入一特定的哲學體系裡，那麼「生命哲學」一辭，似乎可以方便地加以運用。因此，從「生命哲學」開闊的視角來審視莊子，並在多元脈絡的實踐歷程中，試著爲道家哲學尋找它可以在「生命教育」裡取得的合理位階，那麼我們顯然可以肯定道家哲學其實已然不是學院門牆內用來宣講、傳授、研商與辯論的觀念組合，它自是一種極爲特殊的「生命智慧」——凡人生命之存在必有其賴以維生的道理與緣由，而在心靈與精神相映成趣的燦爛光景之中，所有的理性存有者都不該謝絕意義的邀約，也無法拒斥價值的參與，更不能無端迴避理想的召喚。

第一節　「生命哲學」與「生命教育」視域中的道家

在此，且以《莊子》作為道家重要文本為例，吾人實可斷言《莊子》乃中國人文思想之奇書，而其奇非僅是文字之奇，更是思想之奇、觀念之奇、哲學之奇。至於《莊子》內蘊之意理脈絡，則在其奇妙而富麗的文字、思想與觀念三者交織之下，構成了一幅幅生動活潑的畫圖。畫圖中，人物與景物錯綜複雜，說理與敘事更迭起落，而想像與體悟更是洽合無間。可以說，這一幅幅形同織錦之圖，實乃思想之圖、意義之圖、心靈之圖與生命之圖。

眾所周知，所謂「莊子哲學」，指的是當代學界以《莊子》一書為詮釋之文本，而後在融合西方哲學概念的研究進路、研究方法與研究策略三者共同引領之下，進行了具開放性、多元性、現代性與未來性的研究，所獲致的系統理論。然而，由於《莊子》作為一種具原初性與質樸性的文本，基本上是必須經由不斷地再詮釋、再建構、再脈絡化之歷程，才可能逐步地揭顯出其所蘊含的豐富的哲學意義。

由此觀之，作為浸淫於人文情境的學術工作者，吾人可在「道」思考的意義向度引領之下，進行以下三個側面的自我警醒與自我提振：

一、「道」作爲兼具形上理則與人倫規範的深廣意涵，究竟能如何有效地破解知性之藩籬與情意之窠臼，而眞正有助於吾人人格之陶成，以便在社會化的歷程中，展開吾人所不能疏忽的溝通與理解之行動？

二、在分科知識當道的現代學術陣營裡，道家所一心嚮往的境界，以及由此所延展出來的精神氛圍，其所可能引發的開放心靈與開放思考，又當如何持續地照料人文之價值及種種生命實踐，而不至於一味地涉入理論的構作與邏輯的分判之中？

三、作爲跨界域的知識型態，道家思維取向在亦破亦立、或開或合，以至於時而躍動時而靜默的主體境遇裡，吾人是否也應不斷地謹愼斟酌道家經典中「言」與「意」二者相反相成的變動性與不確定性，以避免過度的渲染與無謂的耗費？

顯然，道家思想作爲一種跨界域的知識型態與意理結構，其中所隱含的精神意向與人文意趣，實足以導引出極其豐富的主體意涵及充滿活力的實踐思維。吾人若以現代之眼光來省察道家型態的生命觀與世界觀，便可以發現：吾人若欲進行自我之探索並展開生命實踐歷程，勢必先行對當代以分科知識爲主流的人文之學，進行整合與綜攝的工作，而道家思想恰恰可以對此一陶成人文之歷程，發揮其無可替代的意義啟迪與價值創新之作用，而若說這就是生命之道與存有之理相容無間的結果，顯然並不爲過。

不同於西方存有之學，莊子哲學之所以以「生命哲學」爲其主要的意理範域，其實是以生命作爲一存有者爲其主要之關切，而吾人之爲一無可替代、無可讓渡、無可揚棄的存有者，恰正是道家回望人間百態且直視人生現狀的焦點。因此，莊子的生命哲學，乃自「逍遙之遊」之從有限到無限，從有待到無待，一路地翻轉吾人生命受限、受困、受害、受苦之境況，而終於自我脫困、自我解縛、自我超升，而練就出兼具理性、情性及意志力的生命工夫。

其間，吾人之生命一方面有如幼芽出生，需要緩緩成長，一方面則似交響之樂，可容音符跳動，附和且共鳴。難怪莊子由人籟而地籟，再由地籟而天籟，天籟即天地自然、和諧無爭、一體無間。至此，一切之對立與衝突都將偃然平息。對此，我們可以經由下述之理序，約略地展示莊子生命哲學先後之意義流程：一、生命困境之自我抒解。二、生命精神之自我療治。三、生命故事之自我訴說。四、生命向度之自我展延。五、生命歷程之自我驗證。六、生命律動之自我調整。七、生命理想之自我追求。八、生命境界之自我實現。而此一生命主動之歷程顯然與莊子的形上理想遙遙對應，其間，莊子更如實地示現其生命之眞工夫與精神之眞奧妙，如心齋與坐忘，將其生命哲學的理念與實踐緊密地融合在一起。

由此看來，我們理當可以爲道家的生命哲學，開發出底下十個理論面向與意義取向：一、深固長久的生命本根論。二、素樸虛靜的生命本質論。三、終始反復的生命歷程觀。四、無為無名的生命目的論。五、謙卑柔順的生命踐履論。六、和諧共容的生命律動觀。七、對比並生的生命辯證論。八、借假還眞的生命現象學。九、自然冥化的生命機體論。十、圓成無礙的生命超越論。如此將生命的內裡十字打開，而縱橫於生命無垠無邊、無可限量的廣袤之間，老子五千言與莊子穿梭自在的「三言」之間，應可謂「動靜都相宜」、「言默兩無礙」，此等開闊而恢弘的生命之道，不正是人文教育的主軸？其中，顯然蘊含著生命教育的基本元素，而前述十個論域，更值得所有關心「人」，關心「生命」，關心我們此一具體存在之生命的哲學工作者與教育工作者共同來思考、來探究，來一起研商生命之大計。

如今，人文之教育或所謂「人之教育」，竟出現前所未有的弔詭（當然也是前所未見的危機）：「人不見了！眞人眞的不見了？」

這確實是當今從事教育者最大的挑戰：我們該如何突破網路與科技的重重包圍及層層阻礙，而眞正挺立在講臺之上，同時也讓所有願意接受教育者一起現身於教育的現場？其實，所謂「現場」並不一定非具全實體之物不可，但可不能缺少眞情與實意，更不能讓理當現身的師生們無端地隱匿身分或竟從教育現場裡消失無蹤；如果萬不得已，只要有影像與音聲，其實便可以進行雙向甚至多向的溝通與交流。

人啊！你們何處會再現身？

生命啊！你們何時會再回返？

所有的存在，以及一切有意義、有價值、有理想的存有者，你們終究會再露臉、再現身嗎？

第二節　莊子「逍遙之遊」的生命智慧

如今，天地有災，世界有難，而人間一直有事。看來，我們還是得請出深諳「自然」之道，且能自在「逍遙」的莊子再次醒來，再次傳遞充滿哲學的理想性、經典的恆久性，以及智慧的深廣與高明的古典信息，讓我們眞正理解「經典」的深義，眞正明白「生命」的眞諦。或許，這也是融合人文與自然，以至於身心靈一體共存共在的生命療癒之道，而此道就在莊子高明的想像和曼妙的故事裡，一逕地在此一天地之間延展開來。

大鵬高飛，小鳥呢喃。高飛者向天，呢喃者在地，而天與地遙遙相對，小鳥竟然向大鵬「隔空喊話」：「大鵬，你到底要飛到哪裡去呀？而我呢，我振翅一飛，不過幾尺高就掉了下來，但我還是一直很自在地在樹林中飛來飛去。大鵬呀！你到底要飛到哪裡去？」看來，小鳥頗有自知之明，不過，卻也同時對那飛在九萬里高空之中的大鵬，提出這個大問題：「你到底要飛到哪裡去？」面對小鳥的質問，大鵬竟然沒有任何的回應（對此，莊子並未做任何的說明和交代）。也許，九萬里的距離不是小鳥的聲音可以穿越的；也許，大鵬自顧不暇，因爲牠必須在「摶扶搖而上」之際，盡力地和強風搏擊，以設法維持飛行姿勢的平衡和穩定，又如何聽得見來自地上的微弱聲音？

在此，我們可以好好來想想：在小與大的對比之間，呈現的是一幅十分有趣的畫面——在遙遠的地平線上，大鵬看來一點也不大，而小鳥也沒有小到看不見，牠們彷彿只是「天地」這塊大畫布裡的兩個小點，兩個會自行移動的小東西，而且各有各的位置，各有各的方向，彼此之間並沒有任何的牽扯與糾葛。

當然，我們也可以自由地想像，想像自己化身爲大鵬，逆風而行，飛向那無窮盡的蒼穹；想像自己是隻小鳥，跳上跳下，在那疏林密葉之間愉悅地過活。而這社會一方面如同藍天般廣大開闊，不時有機會，且到處是活路；另一方面，這人間又彷彿綠色大地，多彩多姿，形形色色，而生機暢旺，活力充沛，卻也隱藏著不可預知的變數與危機。

有時候，我們難免有這樣的非分之想：想像自己既是大鵬，又是小鳥；既可以高飛，又能實實在在地面上行走自如，跳脫自在。確實，我們的心眞的可以如同大鵬般，沖天而上，冒險前行；而我們這個身子就彷彿小鳥一般，只能盡力而爲，謙卑地在有限的生活世界裡，做自己想做能做且該做的事。

我們難免會灰心喪志，或總是覺得不快活、不自在，甚至疲憊不堪，困乏無聊。唉！睜開眼吧！朋友們，我們都有夢，也都有自己生活的藍圖，而「孵夢」可要有耐性，藍圖又怎能不細細勾勒？那大鵬的眞本事又豈是一朝一夕學得來的？而那小鳥自足自娛的小確幸，也不是畫地自囚者可以覓得著的。

看來，大鵬的豪情壯志可以提振我們的心，而小鳥的小小動作則是讓我們的身子康健，筋骨靈活的日常操練。我們最該避免的蠢事就是：該效法大鵬的時候，我們竟然瑟縮如小鳥；該向小鳥學習的時候，我們竟然粗心又大意，甚至魯莽地痴想一飛沖天，一走了之。

這是《莊子》開宗明義的第一個寓言，可全無教訓的意味，莊子只是要我們回到自己身上，細細檢點自己生命的裝備，以便各盡所能，各顯本事，各自發揮自己的天賦，也同時各自擁抱自己的夢想——我們不必也不該有懼高症，我們又何必小家子氣地一味梳洗自己僅有的羽毛，而竟忘了欣賞周遭無限的美好？

想像自己像隻鳥一般，在天空裡自在翱翔，自是心頭一件樂事。但是，如果自己本身就有「飛」的能力，想飛，就飛；不想飛，就用兩腳著地，行走於山川水澤之間，這可就是不凡的稟賦，更是非凡的福分。於是莊子在大鵬和小鳥登場作飛行示範之後，便讓一位會飛的「人」出場——列子。莊子說列子能「御風而行」，輕妙自在，不過，頂多飛個十五天就悻悻然折返。因此，莊子說這樣的飛行仍然不夠灑脫，不夠超然，也不是眞自由、眞自在，而只是「不用腳走路」罷了！

原來，莊子心目中眞正灑脫，眞正超然，眞正享有眞自由而有眞德行的是以下這三種人：至人、神人和聖人。他說：「至人無己，神人無功，聖人無名。」（至人超越了封閉的小我，神人超越了有形的功績，聖人則超越了外在的名聲。）看來，莊子要我們追求的是心靈的自由、精神的自由和生命的大自由，這可不是擁有「超能力」就可以得到的，而是必須有心靈的涵養、精神的鍛鍊和生命的修行（這已然是眞德行、眞人格），才可能穿越橫阻於我們心裡的種種偏見，也才可能去除生活的種種習氣，讓自己跳出「小我」的窠臼，解開名利的枷鎖，終獲得眞開放與大解脫，而眞正做一個「自由人」——莊子甚至稱呼這樣的人叫「眞人」。唉！我們是可能已經做了大半輩子的「假人」，而竟一直不自知不自覺。

在此，如果我們從大鵬的「天」和小鳥的「地」談起，那麼我們是應該先理解「自然」的眞誠，因爲天與地都是「自然」，也都屬「自然」。「自然」是我們和天地萬物共同存在的立足點，也是我們和天地萬物一起享有的生命資源。而「自」指「自己」、「自身」，「然」是「如此」、「這般這般」。如此拆字，「自然」就是「自己如此」，表面看來，並沒有多大多深的意思，但如果深入一層去體會：「爲何我們能夠『自己如此』？」「又爲何我們理當『自己如此』？」道理可就不那麼淺顯，意義可就不那麼簡單。因爲事實上，我們往往不能「自己如此」，更往往無緣無故地「自己不如此」，而應該「自己如此」的時候竟不能或不願「自己如此」，這已然是件不幸的事——總是身不由己，甚至經常心不甘情不願地過日子，就好比蘇東坡的感嘆：「長恨此身非我有」，而這也印證了柏拉圖的妙喻：「我們這肉身乃是靈魂的監牢」。

原來，我們是不必天天如此提問：「我是誰」、「你是誰」、「他是誰」，這個「我」本是第一人稱，卻常常淪爲第二人稱、第三人稱。大家都這麼說：「爲自己而活。」似乎是天經地義，但既措身於人間，我們便不能不放開這個「我」，甚至拋下這個「我」，去和其他無數的「我」應對應酬。人生無奈，此爲源頭，不是嗎？但莊子另有法寶：他教我們不要學鳥飛，也不必化身爲會飛的「列子們」，而是要努力涵養我們這一顆心，讓它不要受不必要的羈束和牽絆；努力鍛鍊我們的精神意志，讓它不會屈從於世間的功名和利祿、權勢與地位。如此一來，做個「眞人」，才能眞自由，眞幸福，而世上那一大群的「假人」，就讓他們在種種假象與幻覺之中迷醉自己，而竟無端耗去寶貴的生命。

拋棄虛假，還「我」眞實，這幾乎是天賦之人權。但是，這「我」卻往往如陀螺般，不停歇地流轉於這多門多路各歧途的人間，而終讓眞實的變成虛假的，讓自然的變成不自然的，讓恬淡寧靜的本性被浮華所遮蔽，被喧譁所侵擾，甚至被淫亂與邪佞所毒害。最後，我失去的，便可能是生命裡最根本最寶貴的「眞實」，以及那滋養我們心靈的無可替換的「自由」。

本來，莊子拈示的「逍遙」，與「自由」幾乎同理同義，但「逍遙」更生動也更有趣，而莊子一心嚮往的是我們生命最高標準、最高格調的自由。因此，從「逍遙」的眞實義看來，大鵬和小鳥都是不夠逍遙的，那能飛個十五天的列子也不夠逍遙，而只有這三個理想的人格：至人、神人和聖人，才是「逍遙中人」，但他們實在人間少有少見。莊子於是以那迴避名利唯恐不及的隱者許由爲主角，說了一個故事：有一天，上古的堯帝要把天下讓給許由，堯帝便對許由說：「日月既已出來照耀天地，而小小火把竟還不熄滅，要來和日月爭光，這難道不是太不自量力？我自覺能力不足，請允許我把天下讓給你。」許由竟一口回絕：「你治理天下，天下已經安定。這時要我取代你，我是爲了

『名』嗎？何況『名』只是『實』的表象，難道我會為了外在的虛名而取代你？你看，那鷦鷯在樹林深處築巢，牠占有的只是一根樹枝；偃鼠到大河邊喝水，也不過是求滿腹罷了。請你回去吧！我要這麼大的天下做什麼呢？」看來，許由眞是個「自由人」，連帝王之尊榮與權位都撼動不了他堅定如磐石的心。

如今，現代科技為我們創造不少利便、不少生活的好處，卻沒有同時為我們帶來眞正的自由。本來，滿足生活之需，確實需要花我們的巧思，用我們的巧技，而現代科技就是巧思和巧技的綜合體。遺憾的是，如今方便、利益和許多生活的好處，竟成了生命的負擔、心靈的累贅，它們也同時為生活的周遭製造了堆積成山的垃圾，這在在是讓我們活得不自由，活得不快樂的負面因子。

當然，許由的自由是我們現代人求不得的，但他棄名利權位如敝屣的襟懷與修持，卻仍然值得我們學習。我們不能不體認自己如燭火般的小小生命，在這時有風雨的天地之間，到底該如何全生保命，但其實不必大費周章，也無須勞師動眾，只要謙卑如那奮力築巢的鷦鷯鳥，單純如那只取一瓢飲的小偃鼠般，過著屬於自己的日子，就讓那廣闊的樹林始終保有千年萬年的靜謐，讓那浩瀚的大河依舊流淌著數不盡的晶瑩水滴。

在此，就讓我們一起來細細品味莊子底下這一段「荒唐之言」：

神人的肌膚像冰雪般潔白，姿態像處女般優雅嫻靜，他不吃五穀雜糧，只吸清風喝露水。他乘著雲氣，駕馭飛龍在四海之外遨遊。他的精神意志專一，能使農作物不遭受病害，並使年年五穀豐登。

接著，莊子對這有關「神人」的「神話」，又加了碼：

這神人的道德，將可以把天地萬物包羅為一體，而世人都祈求神人來治理天下，但他卻壓根兒沒想過這回事。他的能耐可真嚇人：滔天的大水淹沒不了他，大旱使金石熔化、土山枯焦，他卻一點也不覺得熱。他生命的殘餘就像塵垢秕糠，還可以陶鑄出堯、舜那樣的聖賢君王來。

看來，這神人眞的不把這人世間看在眼裡，一顆心更彷彿在九霄雲外，而他的身子和這形器世界之間，又豈止是「第三類接觸」？說實在的，神人到底有多神，有多奇？答案恐怕是：你說他有多神，他就有多神！你說他有多奇，他就有多奇！

既然我們生而為人，也都吃五穀雜糧長大，這小小身軀便不得不仰仗自然天地的種種資源，於是我們和這天地便有著密不可分的關係。因此，那神人竟能超然物外，竟然可以「置身事外」，可眞是不可思議。或許，這是因爲莊子要我們好好思考：

我們一定得吃五穀雜糧，才能塡飽肚子嗎？「餐風飲露」難道不是另類的天地美食？我們在地上要求快，一定得乘車；上天空高來高去，則一定要搭飛機，這只是一種巧技，一種便利，而不是什麼了不起的超絕本領。此外，我們又何曾集中並專注我們的精神與意志，設法去影響、改變我們周遭的一切？

基本上，神人並不存在於這陰晴不定，冷熱無常的自然界，他也許是那至今仍是謎樣人物的「外星人」。不過，縱然「神人」是莊子所設想之理想的生命典範，但他的特異功能，卻已然道出我們心底深處的想望與希求：希求這一身有著無限的美好，包括外在的容貌和內在的品德；希求不被困在「四海之內」，而能一舉跳出「天地」這個牢籠，探向仍未可知的宇宙深處。此外，在大自然開始反撲的這個世紀，我們更希求能不被可能出現的大水和大旱所傷害，因爲傷不了神人的自然災難，卻極可能出現在這七十億人所住居的星球。由此可見，神人不是被供養膜拜的，他（不必用「祂」字稱呼）其實長住在人人心裡——美顏美膚的專家不是在追求冰雪般潔白的肌膚？調理飲食，倡導養生者則可能會以「餐風飲露」作爲人類飲食的終極之道。而不願被人事與人倫所拘限的「風流人物」，又何曾在意世上的帝王權柄？或許，經常被「外物」所傷的我們，是該低頭走入內心世界，走向終年籠罩雲霧的一座座生命的「靈山」——當初釋迦拈花，迦葉微笑的那一座。如今，「靈山」或許就高高矗立在我們每一個人的心頭？

總結地說，莊子所以發揮他高超的哲學想像，顯然是要我們活用腦筋，開發出如活泉般源源不絕的生活創意，以全方位地拓展個人的生命園圃。世上「死腦筋」（在此，這個詞可不是用來罵人）的人確實不少，可以說，幾乎每個人都可能會在某一個生活的場合裡出現「死腦筋」的執著、頑固，甚至鑽牛角尖的偏激，而做出不理性的事情。特別是那睜眼可見的近利往往蒙蔽了我們的眼睛，讓我們看不見眞實的世界，以及眞正對我們有利、有用、有好處的事物。而世上最難解的，就是那被「有用」和「無用」的二分法所切割的單向思考，它往往肇致讓我們難以接納外在世界的封閉心態。

在多元多變的現代世界裡，種種二分思考很可能會爲我們的生活平添變數，甚至引來危機。一旦我們被「有用」之物所迷惑，就會變得急切而躁進；若我們落入「無用」的空洞之中，就可能終日哀怨悲嘆。因此，我們必須跳出這被「有用」與「無用」切割爲二的對立思考與矛盾思考，轉向互動式思考和整全式思考，再從而轉入於情境思考和創意思考，以期能應機應時，就事論事，並且扣緊環節，針對問題。

顯然，當代的人文之學，勢必在問題意識引領之下，跨越學術藩籬以相互支援，彼此整合。就生活世界與行動意向二者始終密切接連的現實看來，老子所闢開的人生二途——「爲學日益」與「爲道日損」這兩條道路至今依然並行向前，但是在《老子》一書裡，老子並未順著「爲學日益」而把一顆心往外推，卻將我們的目光反轉向「爲道日損。損之又損，以至於無爲。無爲而無不爲」（《老子・第四十八章》）的生命內裡。由此可知，「爲學日益」的生命向度裡滿滿是具有時效性與驗證性的日常因果，涉及的是生活現實的目標取向，無須老子多贊一詞；而「損之又損」則已然超離了固著的標的，另開發出了滿滿是「無目的的目的」、「不關心的關心」的生命大自由。唯有如此，我們才可能不被有用、無用二分之價值思考所糾纏牽制，而終能逍遙自在，與世無爭，還自己一身的清白，讓自己可以眞正簡單過活，而全無罣礙，毫無牽連。

在此，且讓我們回到眼前，來思考一個人的成長爲何需要「目標」與「目的」的牽引。研究人類發展與青少年人格成長的傑出學者威廉・戴蒙（William Damon）說他撰著《邁向目的之路：幫助孩子發現內心召喚，踏上自己的英雄旅程》（*The Path to Purpose: How Young People Find Their Calling in Life*）這本書的目的，是爲了提出充分的理由，來說明年輕人在人格發展的早期必須儘早建立「目的」的重要性。戴蒙深感當今年輕人最大的問題是普遍欠缺目的與目的感（「目的感」是指感知並覺察「目的」的能力），因此他突顯「目的」與「目的感」的重要性，一方面是因爲他肯定所謂的「成長」的過程，指的是一個人決志邁向目的之路；另一方面，任何一個人的人格發展，顯然必須不斷回應自己內心的召喚，才可能獲致澈底解決生命成長無法迴避的問題與難題所需的精神資源。

總的看來，發現問題，從而解決問題，即是一個人的成長過程中最主要的工作。教育的目的，便是培養一個人發現自身生命問題的能力，並同時自覺而主動地去尋找解決問題所需的相關資源——其中，最重要的資源其實來自個人生命的內在，而眞實且豐富的內在世界就是充滿意義、目的與理想的世界。

其實，「意義」不在遠處，而就在我們追求意義的路途上；「目的」不是什麼稀奇之物，而就在我們實現目的的過程裡。「追求意義」與「實現目的」往往二合一，甚至大可畢其功於一役，讓那向心裡挖掘的探索（只因意義如礦石）之力和那往外面尋尋覓覓的嘗試之心，有了足以相互呼應的律動，儘管那「意義」總是閃閃爍爍於我們起心動念之間，那「目的」則恍若遠處的燈火，隱隱約約地對著我們揮發著它的光與熱。

一般而言，所謂的「目標」比起「目的」，似乎更能引發我們的熱情與行動，而利益、效力，以及諸多可能直接或間接牽涉著我們生活的所謂的「影響」與「結果」，更總在我們的算計之中，有時候則出乎我們意料之外，教我們措手不及。不過，那堂而皇之照面而來的理性思考，竟彷彿是在孩子群裡突然現身而自認高人一等的大人們，一味地發號施令，竟導致我們聽不見那些被純眞的天性所鼓動的眞實聲音。

看來，我們無可逃於意義與目的之間，因爲我們這一生總在內外之間來回走動，也總在上下之間搖擺不定。世上好事往往多磨，我們怎能無端地磨損眞眞實實的意義？怎能無來由地搬出種種目的來強壓住自己原本自在跳動的心？縱然大半輩子一事無成，目的與目標也始終不放過我們，我們又怎能放棄生命本然而有的資糧、權利與尊嚴？

此刻，我們應可稍事休息，一起來親近老子與莊子，來看看「安」究竟是什麼樣的特殊狀態，來聽聽「靜」到底是什麼樣的特殊聲音。同時，也讓我們一起來想想：當「爲學日益」的爭競之途擁擠不堪之際，我們是否應該來個優雅的迴轉，將身心轉向「爲道日損」的康莊大道，而終通過「無爲」的自我解放，大步邁向「無不爲」的自由與自主，創造合作無間的美好願景？

終究看來，我們是得爲自己投那受益無窮的生命險、心靈險和精神險，而不必硬碰硬地去急著處理周遭所發生的種種事故。看來，世事何止有兩面性？吉凶相續，禍福相依，且讓我們好整以暇，學學那守株待兔者——他不懶，更不笨，他其實已對狡兔的行徑瞭若指掌。但願莊子重來之際，這世上將會沒有「惠子們」可以讓他訕笑了。

第六章

形上篇

《易經．繫辭上》：「形而上者謂之道，形而下者謂之器。」這句話幾乎涵蓋了一切的實有之物，包括精神與物質、心靈與肉體，以及一切有價値、有意義、有道理、有目的、有理想的存有者。由此看來，道家既以「道」爲名，自始便志於道而以道爲其思想立基之地，且一心「明道」，全心「體道」，用心「辨道」，終於從形而下的生命基座起身，仰心向形而上的境界邁進，而全般提振吾人之精神，並陶成吾人整幅之身心與性命，以獲得眞眞實實的美與善、樂與福，以及無瑕無缺之完好與尊貴——道家的形上思維及形上進路，恰恰以此爲終極之標的；而當代「道家形上學」重要的締建者方東美與牟宗三，則各擅其勝場，各有其高明，且都正中下懷，一箭中的，將道家的形上學推至新的制高點，同時也給後世之人留下一些饒富意趣的學術工作。

第一節　莊子的形上進路

歷來的道家研究，從早先的注解，到近代以來的種種理論取向的研究路數，眞可謂不一而足，包羅多象，而其間對道家型態的形上學的探討，也同樣的多門多路。在此，就以方東美與牟宗三爲例，來具體見證道家哲學所煥發出的形上異彩。

首先，吾人應可如此斷言：

若謂莊子哲學乃是以追索吾人生命存在之奧祕為其究竟之鵠的，實不為過。而在莊子眼裡，世上生命之存在乃自有其殊相與共相——「殊相」者，為吾人感官經驗可及之物；「共相」者，則為吾人思辨理性當思之理。至於在殊相與共相之間內蘊種種之意義脈絡，則已非主客對反，以至於二分二元之思考模式所能一探究竟。①

① 葉海煙《道家倫理學：理論與實踐》，頁二四一。

所在：

如此以「生命作爲一大存有」爲著眼點，吾人才可能眞正地體會莊子哲學的用心

莊子用心之所在，實不外乎吾人身在此一自然天地之中，究竟能如何以個人有限之存在為立基之點，從而奮力掙脫人間世種種條件之束縛，以開拓出條條方便之道路，而使此一人間世得以進行自主之轉化與根本之變革，終讓吾人生命之實存境況及其內蘊之精神動力一體共容地昇揚於人文與自然洽合無間的廣大場域之中——這不就是莊子哲學作為一存在之學、形上之學與超越之學的旨趣所在？②

由此看來，在擴及天地萬有的存有向度中，莊子顯然把他的目光始終聚焦在吾人身上，而若說莊子仍有強烈的超越取向，其實是所謂的「超越而內在」，一方面是「下學而上達」，一方面則自一切他者之存在，回返自由自主的自我爲動點、起點、立基之點的開放性思考與整全性思考。

② 前揭書，頁二四二。

原來，整合莊子哲學爲一存在之學、形上之學與超越之學三個面向理當合一的大系統，實爲方東美探索莊子哲學底蘊的初心，而其所以如同章太炎「以佛解莊」，目的也正不外乎此。不過，方東美顯然另有其建構莊子思想爲一大哲學系統的雄心：

特別是在方先生博厚而高明的人文學體系中，我們可以輕易發現：方先生是不僅要延續章太炎「以佛解莊」的詮釋傳統，他應還有另創新局的發心與用心——也就是說，在方先生從莊子的立場出發，向中國人文精神的頂峰大步邁進之際，他在意的不是文獻考證的「餖飣之學」，而是中國人文理想能如何實現於道家心靈及其道德實踐的場域裡的重大課題。此外，方先生所以始終堅持「一往平等」的崇高理念，乃是他全力展拓其中國哲學詮釋論域的關鍵所在，而其間，究應如何建構自我的哲學、心靈的哲學以及精神的哲學，恰正是方先生最大的關切。③

顯然，莊子試圖轉一切之價值思考，即試圖在一切之眞假、是非、善惡與美醜之間，展開其足以超離限界並打破藩籬的思考路向，以將吾人之心靈全般轉入於廣大的天

③前揭書，頁二四三。

地之中，而超出一切對立關係與物我之間的隔閡，對此，方東美斷定莊子哲學的意義基實爲此三原理：一、個體化與價値原理。二、超越原理。三、自發性自由原理。應該就是爲了整合莊子哲學，並試圖重建道家人文機體性的體系：

老莊哲學是生命哲學，也是生活哲學。莊子更在生活世界中豁顯吾人之精神境界，而當世界與境界合一之際，其中自有人，有物，有一切之存在，而如此之「有」乃是吾人生命之行動，亦是吾人生活之內涵，吾人於是得以開發屬人的一切價值。由此看來，老莊哲學的超目的觀，不是一般意義的無目的的心態（或謂「隨意」或「任性」），而是在一切存在不斷整合其內在關係以進於「和」之境界的同時，對吾人之生活不斷進行轉化，對吾人之精神不斷進行提升，而這也是道家所以在主體際的深度思考中不斷探索人文意義以重建人文世界的主要理由。④

而依循此一形而上的精神路徑向前向上，原來是爲了高高矗立「至人」、「眞人」、「神人」的生命典範：

④葉海煙〈方東美的新道家哲學〉，《道家文化研究》第二十輯，北京，二〇〇三年，頁一四二—一四三。

「至人」之精神，即由此一人間世中至高至神至真至善之人格理趣所牽引，而其生命自由自主自發之精神取向也自然與此一至高理想相應相和，而終建構成一大生命網絡——其中莫非理想與目的之揭露，一切之存在者乃皆在此一不斷揭露發顯的過程中各得其性，各安其所，亦各有各的自成自得自在之道。⑤

由此看來，方東美之所以直接點出莊子「至人哲學」的眞實義諦，仍然是因爲他堅守「不變以應萬變」的生命精神，而同時意在「理想哲學」的高處。此外，方東美突出莊子超脫解放的精神，以及由此所展開的人格遞升與精神轉變的實踐歷程，則已經爲道家哲學跨思想之領域，以及跨理論之藩籬，定下後人可以有所參照的學術典範。至於他並大力推崇超脫解放的自我精神之轉變，這顯然已將「以佛論莊」的路徑又向前推進了一大步。總結而言，方先生突出莊子的至人之哲學與超越之哲學，則又同時照應了佛教華嚴宗「無盡緣起」的終極且究竟的生命關懷，以及莊子「至人」與「眞人」的生命典範的崇高理想。而若肯定莊子哲學足以啟導後世人文之動向，並拓開人道之坦途，則已然不在話下。

---

⑤ 葉海煙《道家倫理學：理論與實踐》，頁二四九。

第二節　新道家的形上思維

同樣是當代中國哲學大家的牟宗三，則獨鍾新道家（魏晉道家）哲學，做出了實足哲學性的創造性詮釋，而開出了以下兩條思考進路：

一、以形而上的思考為導向的進路，強調的是道家的形而上的概念，以及由形而上的概念所演繹出來的相關理論。

二、以道德哲學為導向的進路，側重的是道家的實踐的精神、人格的修養以及心靈的境界。⑥

此二路乃並比而行，齊頭並進，終究殊途而同歸：

⑥ 前揭書，頁二五六。

這兩條進路在牟宗三試圖闡發道家思想以將其對比於儒家思想的學術意向之中，終究殊途而同歸，而二者終究匯合於道家所獨鍾的生命哲學、存在哲學與價值哲學三合一的理想之中——此一理想亦即吾人生命所以存在的究竟意義之源，其間乃自有道家所關注的基源問題蓄積於吾人自反自省意識之底蘊。⑦

而為了順此二路而展開其重構道家形上學的基本理論，牟宗三於是突出以「無」概念為首位的形上思考，並以此為魏晉道家與道家哲學另闢蹊徑，開展一別開生面的思考主軸：

（老子是）從「無為」再普遍化、抽象化而提煉成「無」。⑧

又云：

⑦ 前揭書，頁二五六。

⑧ 牟宗三《中國哲學十九講》，臺北，臺灣學生書局，一九八三年，頁九十一。

「無」不是個存有論的概念，而是個實踐、生活上的觀念。⑨

同時，牟宗三轉而詮釋與「無」、「無爲」二概念相連相通，甚至互爲一體的「自然」：

道家講的自然就是自由自在、自己如此，就是無所依靠、精神獨立。精神獨立才能算自然，所以是很超越的境界。⑩

順此一超越之路，直直邁向形上之理境，牟宗三於是進一步以王弼承繼老子的形上辯證的思維取向，將「有」、「無」二路齊步轉入於「玄之又玄」的奧義之中，作爲新道家之所以爲新道家最具有典範性的例證，從而運用他所獨創的「境界型態的形上學」一詞，以涵蓋新道家形上學全般之範域，並突顯其有別於儒家「道德的形上學」（moral metaphysics）的實有型態的形上路向。於是，牟宗三認定王弼崇尚無爲虛靜的玄理與玄學，乃是新道家形上學的一大特質，他因而如此論斷：

⑨ 前揭書，頁九十一。
⑩ 前揭書，頁九十。

王弼則順老子「有、無、玄」的形上辯證路向，而以向上之姿態，深探「道」之奧義與妙義。對此一極具代表性的玄學體系，牟宗三恍似「入寶山絕不空回」般地大展其析理與體悟二路並進的哲思，終於敞露了王弼老學的精彩——即將王弼對「道」概念的解構、重構與建構三階通貫為一的論理性的努力，從中國詮釋學的高度，予以全般之揭顯。而牟宗三特別重視王弼所著意道的自然義，一方面則通過道的生成性與實現性，斷言「道」為「實現原理」。⑪

於是牟宗三依循此一路向，肯認王弼理解「道」爲「實現原理」，他所流露的嚴謹態度與其創造之精神始終相互輝映。只是仍有一些詮釋上的問題，值得吾人予以仔細斟酌，如所謂「實現原理」與「創生原理」、「形成原理」、「變化原理」之間，是否存留著一些仍待釐清的意義規定與價值層級？而這與吾人解讀「有物混成，先天地生」（《老子・第二十五章》），以及「道生一，一生二，二生三，三生萬物。萬物負陰而抱陽，沖氣以爲和」（《老子・第四十二章》）等相關聯文本裡的「生」概念的眞實意

⑪ 葉海煙《道家倫理學：理論與實踐》，頁二五七—二五八。

義，是否含藏著相當詭妙的多義與歧義，其中或許有著十分緊要的哲學問題，值得吾人繼續深入探索。

原來，玄之又玄的玄學即立基於「無」與「有」二觀念之辨證性歷程。其間，通貫的是生動活潑而流暢不已的實現原理的全般落實，而絕非靜定之理充斥其間的壅塞與阻絕。由此，眞實之「自然」才可能以全幅之面貌鋪展於吾人面前，而「無爲」之大義也才能夠以具有特殊的道德意涵的實踐模式，爲此一生活世界湧現充滿新人文色彩與新倫理光亮的意義活水。

可以說，牟宗三始終以其「內容眞理」所引領的主體性作爲其哲學之核心，且充分地運用其獨樹一格的哲學詮釋之自由與權利，終於彷彿高達美（Hans-Georg Gadamer）意圖在眞理與方法之間尋找足以融攝思維與語言的新哲學重建的可能性。如今看來，牟宗三這般的努力已然後繼有人，其滿溢著哲學趣味的判教工作，對道家哲學與道家形上學的定位，則已然功在哲學史冊。而如此之論斷，應可接受當今學界之公評。

總結而言，方東美與牟宗三爲了打通道家哲學所蘊含的形而上的意理脈絡，於是各自從個人的哲學立場，通過各自開拓的哲學路徑，而終於爲道家哲學打造出形而上的思想通衢。由此看來，他們所留下的學術業績著實相當珍貴。如今，如果我們願意在目送這兩位哲學大家的身影遠颺之後，繼續延展他們已然墾拓出的創造性的哲學詮釋路向，那麼我們勢必從頭再來審視他們的哲學文本，而一方面有所接納，一方面有所反思，有所批判，以再現道家形而上的精彩風光。如此一來，他們所已經敞開的形而上的精神與情懷，才可能不被時間淘洗殆盡，而另行轉現出當代道家哲學嶄新的主體風範與形上願景——這可能就是當代道家研究理當共有共享的學術紅利吧！

第七章

應用篇

當代「應用哲學」當道，而哲學的應用與推廣，更是五花八門，幾乎只要有一個具有哲學意味的概念和吾人之生活內容有關，它就可能變成某種哲學的頭銜。例如有人靈光一閃，賦予「心靈」些許的哲學屬性，便很可能因此出現種種有關「心靈哲學」的音聲於咖啡館裡，讓不少人墮入某種觀念的迷霧裡而無以自拔。然而，對於力能跨領域的道家哲學而言，它所含藏的應用性，特別是救治文化及療癒吾人生命的功能，其實自古便有無數例證，文人雅士之優游山林之間而獨鍾於莊老之學，往往就是爲了療治生命內在的傷痛，而說他們在退隱之後，做的往往是「心靈復健」的工作，似乎一點也不爲過。因此，我們應可如此斷言：祝願有德之人都能享福，實乃人間莫大之正念與善念。而我們也可一起來關注：跨領域的道家智慧究竟可以對「後疫情」時代的人文陶成與生命療癒之道，發揮什麼樣的助力，且又能起什麼樣的正向效力。

第一節　「福德一致」作爲一種價值理念：一項儒道互通的哲學對比

所謂的「價值思考」、「價值判斷」，指的是我們運用蘊含價值意義的觀念，例如：是非、對錯、好壞、善惡、眞假、美醜等具相對性的價值觀念，對特定的人、事、物，所進行的思考判斷。在日常生活之中，我們往往脫口而出，說某人是好人，某事是好事，或者斷言某人做錯了某一件事，或是讚嘆某一件藝術品漂亮極了，都已然是在運用「價值觀念」以進行「價值思考」，而這些價值判斷都旨在建構價值陳述與價值命題——其中，都充滿著價值意義，甚至都隱含著所謂的「價值理念」與「價值理想」。

一般而言，在面對及接觸種種具體存在的事物之時，這些存在之物之所以被認定是「客觀的」（objective）存有物，是因爲它們被我們認知，而成爲我們認知的對象，而它們也往往同時沾染了某種價值，或是因此顯現出某種意義。其實，在這一生之中，我們所從事的活動及所有可能的作爲，在在充滿著價值意識，也同時寓含著種種誘人的趣味。譬如黃金之所以閃爍著迷人的光彩，除了「物以稀爲貴」的理由之外，主要是因爲它已然被賦予「貴重」的價值，甚至還擁有「高價」的貨幣價值。又如一個品格高尚的人，其一言一行之所以得到尊崇而被人敬仰，也是因爲他的道德人格的修養內蘊，豐富而卓越的道德價值與倫理意涵，而這正是人文精神極致的表現，同時是人文世界所以屹立不搖的基礎所在。

由此看來，如果我們試圖了解某一些人文思想的流派，或是某一種人文精神的傳統，勢必通過自我價值意識的省思，甚至必須同時檢視自身已然沉浸其中的價值理想，才可能進一步展開足以讓我們以主體之身分，相應於此一人文傳統，而展開「互爲主體」以彼此連結的價值思考、價值判斷。如此，我們才有機會探入那具特殊性、場域性、活動性與眞實性的人文思想與人文精神的意理核心，並進而揭露此一人文思想之傳統與吾人之生活息息相關的種種人文意義——其中，顯然有無數的關係網絡，以及足以互動互惠的意義連結。

由如此既深又廣的人文場域與價值論域相互交涉的觀念視角，吾人可以發現：在中國人文思想的兩大傳統——儒家與道家之間，顯然存在著一個相當緊要的連結點——即是以「福德一致」作爲彼此可以互通的價值理念，而在此一具有對比性與律動性的人文思考全面展開之際，「幸福」之爲一種價值理念及理想標的，其與個人之道德人格之間，又存在哪些值得吾人通過倫理學相關之論域與論題，予以深入挖掘的哲學意涵？實值得所有關切古典倫理是否仍然具有現代性與未來性的研究者共同來思考。

一、「德福相應」的儒家倫理義

就中國哲學思想的經典傳統及其內蘊的意義系統看來，其中富含價值之命題，並由此生發人文之意趣與理想之況味，實乃昭然若揭。被譽爲中國最早的歷史文獻——《尚書》（《書經》），即明文記載著所謂的「五福」、「六極」：

> 五福：一曰壽，二曰富，三曰康寧，四曰攸好德，五曰考終命。六極：一曰凶、短、折，二曰疾，三曰憂，四曰貧，五曰惡，六曰弱。（《尚書・洪範》）

原來，五福爲吉，六極爲凶，而世上吉凶互見，禍福相依。易理以「變易」爲本，而變易之象內蘊不易之理與簡易之數，其間，自然與人文自始便交互爲用，和合成體，而探尋意義之思考與追求價值理想之行動，於是在吉凶更替與禍福流轉之際延展開來，而終建構出人文精神之統系，並同時拓開了人文場域之願景——此一充滿人文意義的生命願景，乃以道德之實踐爲礎石，以幸福之理想爲核心。由此看來，五福與六極的觀念對比與價值分判，顯然在人文化成的歷程之中，始終影響著吾人身心之發展與人格之形塑。

確實，人文精神源遠流長，而且有始有終，有本有根，有憑有據，有其長長久久的發展過程，而其內蘊之意理資源無比豐厚，其活動之力道無比堅韌而強大，其影響之範圍亦無比廣大而深遠。其中，倫理與道德之意識，以及相應之思考與行動，實爲人文精神的核心。

道德倫理之意理脈絡，自是由觀念性與理論性之思考，不間歇地轉爲道德倫理之行動，其間，吾人之價值意識與價值理想作爲吾人行動之標的，自是無可卸除的意義軸承，而若無端欠缺此一人文思想所聚合而成的主體自覺，以及兼具智性、德性與靈性的心性礎石，吾人所當有的生活重心與生命擔負，便很可能因此功虧一簣，甚至全功盡棄。

自古以來，整合並融洽吉與利、美與善、康與壽、德與福爲一的「幸福」概念，實乃一兼具動態性與恆定性的價值概念，而它也同時可以轉爲一種具有歷程性與目的性的理想標的。然而，由於傳統人文脈絡之中，本就必須以道德素養與倫理修爲，作爲始終一貫的基本綱維，因此，對「幸福」意義的探究與理解，顯然必須符應道德倫理之思考與行動，以便裝備吾人生活之基本能力，並同時充實吾人生命之內在底蘊，否則，吾人所需之人文資源便將日益匱乏，而所有具有理想性的心靈質素與精神因子，也便可能日趨低劣。

在此，若以兩千多年來逐漸匯整為人文思想大系的儒家與道家為例，吾人便將可以充分理解，「幸福」概念實與倫理道德之意涵密不可分，所謂「幸福人生」或「美好人生」（good life），必須在「福德一致」的理想與理念映照之下，才可能不會只是一面高高懸掛於人文宇宙中的令旗，而終究能夠美夢成眞，且使命必達。

既斷言「福德一致」、「福德相應」或「德先福後」、「德因福果」的信念與理念已昭然若揭地顯豁於「高明而博厚」的人文脈絡之中，則作為儒家第一人的孔子，首倡「仁」的根源性之道德義與通貫性之倫理義，實乃順理成章之事。孔子於是進而以「仁」為其德行論之立基，建構出兼具知性意涵與德性意涵的儒家倫理體系，其主要之關懷乃在於「人之所以為人」的原初性倫理與根源性倫理。所謂的「原初性倫理」與「根源性倫理」，即以人性之原初與人格之根源，作為德行養成與人格塑造的礎石，而展拓出儒家倫理的意義主脈。

其間，所謂「仁者」、「智者」與「勇者」之為人格典範，並非只是以一特定的倫理行動場域為其依止，或是只遵行某一型態的道德活動路向作為導引。可以說，在中國古典倫理學以道德實踐論為其核心的思考向度之中，任何一種力求思想與行動、理論與實踐二合一的理想，一方面是不須多方驗證的先天性觀念，一方面卻同時可能是難以全般實現的遙遠理想——「福德一致」的理念或信念，往往恍似高雲在天，而吾人則形同螻蟻在地，甚至自卑自憐，以至於自困自囚於個人內在心靈所編就出的種種主觀性的意識網絡之中，而無法自主自由地達成德行涵養的歷程本有且應有的效應積累。本來，幸福的追求與道德的踐履可以殊途而同歸，也可能背道而馳，端看吾人如何起心動念，如何謹言愼行，如何修身培德，如何待人接物，如何滿全自我與他者之間的關係，而一以貫之地實現價值之理想及生活之目的。

原來，儒家之學並非聖賢人物專屬之學，而一切攸關道德之理則與居仁由義之途徑，也並非一般客觀之知識，更不是純屬抽象之言詞。因此，在孔子的心目中，「幸福論」作爲一種倫理學之理論型態，其主要之視角，乃在於以探入吾人生命之究竟爲鵠的，自是無庸置疑。孔子顯然相信倫理道德的意義與效力是可預期的，並進而推論出具有結果論意趣的道德實踐論。因此，孔子乃信誓旦旦地一再肯定「行仁」（依仁道而行的道德實踐）的必然性與應然性，並因而斷言道德實踐的正面結果與正向效力，不僅止於個人自身的德性培成與人格造就，更可擴及一切的他者，而由近至遠，由親及疏，終將道德應然之因果脈絡，具體地展拓於自我與他者相互連結的人文環境之中。

至於仁愛之道與仁義之行，則爲儒家「福德一致」的信念與理想，做了具體而有序的鋪排與準備。孔子曾以「愛人」爲「仁」做了精要的解釋：「樊遲問仁。子曰：『愛人。』」（《論語・顏淵》）孟子更直言「仁者愛人」（《孟子・離婁下》），因宅心於仁，而後有愛的表現、愛的行動、愛的作為、愛所推擴而來的一切言行，其間，不正充滿著人生種種的美好與幸福？同時，孟子倡言：「仁，人心也；義，人路也。」（《孟子・告子上》）則已然將吾人之道德決定與道德抉擇，直接地將德性之應然與人性之實然，二者接榫於人間去邪除惡，以轉一切不公不義於正向之途的思考契機與行動端倪。原來，愛為情性圓滿之極致，而情愛之道以至於仁愛之道，自是人文發展之意理主軸，也當是人文場域之精神通路。

可以說，「仁」為人心互通之軸，「愛」乃人心共轉之輪，而以「義」為正途，讓人人可以辨明眞假、是非、對錯與善惡，而避開邪門與暗路。如此一來，以禮樂為大宗，而完好地組構家國社會通達之網絡，不也正是人間美滿幸福之寫照？

如此一來，所謂「修齊治平」的道德通貫之道，才能獲得合理的詮釋與闡發，而此一儒家倫理的意理核心，也才可能獲致實現其眞實意義的機會與場域，唯有如此，「福德一致」的理念才眞正可以從「理想的眞實」的高明所在，不斷趨近「存在的事實」的博厚之地，恰如孔子所言：「里仁為美，擇不處仁，焉得知？」（《論語・里仁》）原來，已然身在倫理滿全的氛圍，並同時已將一己生命安頓在道德實踐的經驗場域之中，實乃美好人生與幸福人生的最佳寫照，而「德」與「福」的相應相符，以至於二者和合為一，便不會是虛言，因為在「居仁」、「由義」，且依禮而履踐的一貫之道，全向度地通達於吾人生活經驗與生命際遇交織而成的人文世界，此一始終無間的歷程中，在在是可以經得起驗證與實證的個人內在道德體驗，以及隨之而來的群己之間的溝通行動與合作成果，而如此的事實俱在、效力顯著，以及眞實不假，值得種種倫理判準的檢證與印證。

而自《易經》以「元亨利貞」開宗明義，便可見「德」與「福」始終相應相和，不背不離，絕非分歧之二途，而這也就是中道與正道。「元」爲生命創發之始，「貞」乃恆久存在之德，而「貞下起元」則是終而復始、能動而行健之歷程。其間，自是亨通而得利，開闊而宏達，世上一切之美好（此即與「幸福」同義之詞），便自自然然地湧現於人我來往、物我交接，以及主客對應之際。由此，乃能造就出圓滿之人倫與博雅之人文，而終體現人間一切之美善。由此可見，《易經》關鍵之詞——「貞吉」，其所蘊含的深厚意義，其實已然將「貞之爲德」與「吉之爲福」二者之間可能出現的阻隔與障礙，一一地予以化除，個個地加以破解。

顯然，原始儒家自始便緊扣著人心之脈動與人性之幅度，因此，乃以道德實踐爲人生首務，而經由德行之養成、意理之張揚與禮法之鋪展，以肯定吾人之爲道德實踐之主體。歷代儒者乃由仁義之履踐與禮樂之熏習，以至於心性之學全向度的探索與發揚，而終臻於至眞、至善、至美、至德，以及至樂與至福的理想境界——此一始終交涉著人心之特殊性與人性之普遍性的「道德的主體性」，其擴充之路與體現之道，其實已然允諸吾人之爲矢志追求幸福的主體，而此一盼望福德相應以迄福德相符而一致的信念，也就不能不與人格之形塑、倫理之滿全、心靈之充實，以及吾人生活場域中種種兼具實用性、實效性與實踐性的路向相即相應，而終延展其足以有助於體現自身之爲多元主體的深心大願。

既以「止於至善」爲終極之理想，並且已然擘畫「大同」之治與「太平」之世的美好世界，作爲終究可以實現之標的，便可見儒者全力追求幸福的用心，其殷切之情與誠篤之志，乃始終不曾稍懈。同時，在爲己之學始終回應吾人之爲一無可揚棄的位格之際，吾人實不能不細心照料「主體性」之卓然獨立，以及「位格性」之尊貴與高明。由此看來，所有可能在「自律」之德與「他律」之力之間有所游移、有所猶豫的認知與行動，都將可以在外在之「目標」一一被轉爲內在之「目的」，而終消解吾人意欲之所向、所對、所及與所有。如此一來，所謂「內外交應」、「物我相即」以至於「天人合一」，便不會是虛言。原來，自律不妨他律，他力更不礙自力，而這恰恰是道德修爲之有助於幸福追索的道理所在。吾人之所以不耽於「主體性」的形上思維，而且轉心踏上「位格性」的實踐之路，也應緣於那「福德一致」的願景隱隱召喚，而在如此純眞似孺子般的想望始終不墜不落的初心引領之下，吾人之一己之私、一己之欲以及一己之愛，便都將在智性與德性的光照裡，逐步向幸福美滿的境地不斷地靠近。

二、「全德保生」的道家精神義

對比於儒家，道家顯然另闢蹊徑，別開生面，爲吾人生命之存在與精神之趣向，構築一十足穩妥且厚實的意義基石。於是，在歷史與文化縱橫交錯的機緣啟動之下，作爲道家的先行者——老子與莊子，分別以其特殊之存在經驗，摻和著或隱或顯的心靈動向與思考意向，爲吾人生命之究竟與終極，探究並建立其不同於儒家倫理的道德觀，而其中基本之理念，依然如同孔、孟一般，始終關涉著「德」與「福」是否相應，又是否一致的核心問題。

首先，老子在其入世之心與愛物之情催使之下，從其身在此一萬象紛呈的天地之間的立足之點出發，試圖探索存在於天地之間的恆定的法則與規律，而老子確實有了重大發現——他發現了「道」，發現「道」在天地，「道」更在人間，而且還爲世人之身心性命，鋪排了足以讓吾人定根不動，又生機暢旺如同芸芸草木般。若吾人能順道而行，依理而作，便能守經、通權，又達變，而終能保生全生。其間，乃自養成「善利萬物」，而慈以愛生，儉以惜物，並培成「不敢爲天下先」的廣大襟懷，以寬容一切，包容一切，而終能止息一切之紛爭，消解一切之衝突——這不正是老子一心一意踐行「以德報怨」的自然、天眞而無所蔽、無所偏的正道，而終於在「上德不德」的開放、超然、無私而大公的精神引領之下，所達致的福德相應甚至洽合爲一的美善之境界？

在此一追求美好生活之理想，逐步轉爲一己生命內在質素的人文化成的道路上，莊子繼踵老子，以「道通一切」爲基本之原理，以體現生命之自由、實現終極之美善爲究竟之目的，於是莊子開宗又明義——開的是天地自然而本然之宗，明的是吾人存在眞實之義。如果說，「自然」作爲一充滿「實存」（reality）意義之觀念，則吾人作爲獨一無二之個體之存在，便可以在吾人「此在」的生命境況與自然變化之情態二者相互對應的關係歷歷展現之際，獲得源源不絕的意義活水。

既如此肯定人生爲一大實有，那麼世上所有存在者，便都可能在種種變化的歷程中，獲致其作爲一存在者的眞實性與現實性。對任何一個人而言，一切的吉凶禍福，都只是吾人面對無物不變、無時不變、無處不變的過程中出現的種種現象，所做出的價值判斷。因此，幸福論作爲一種具有倫理學意味的結果論，它似乎可能得到不少人的青睞，特別是當吾人身處人文與自然交錯而成的諸多臨界點的時候，一心追求幸福的意願往往強過道德決斷與道德實踐的志向，而如何保有生活之美滿與生命之美好，便可能是所有不想虛度此生者的最大心願。

由此可見，道家保生、利生以全生、長生的原初關懷，本就蘊藏著「幸福論」的倫理意涵。而就「幸福論」的核心觀點看來，自利而後利他的效益性思維，自始至終都是不能背離的基本原則。也就是說，利益的積累與推擴，恰恰與吾人追求幸福的努力成正比，這並不僅是一般因果論的實然性的斷言，而且是吾人生活意向中具有應然性甚至必然性的願望——如果只單以因果論的客觀義作爲判準，進行價值思考，以及相應之判斷與推論，那麼快樂與幸福便都可能淪爲無法激動人心並引發盼望的冰冷數據。而若吾人能夠深入充滿意向性與目的性的主體意識之中，自省自覺地進行自我的更新與自我的超越，則所有有助於實現快樂之計與幸福之夢的實有之資源，便將可以被逐一轉爲眞眞實實的意義寶藏與價值內涵。

當然，老子關切的是「我們的生活如何能夠回歸平素、簡單、安靜、純淨而眞實不假、樸實無華的狀態？」這個根本問題，縱然在此一生活世界裡，總是禍福相依，吉凶互見，一切價值理想之實現始終在更替流轉。因此，老子一方面深入探究人生之患與性命之痛的根由，一方面則直接點明並批判吾人之感官與欲求所釀致的禍害，而將這兩路之思考結合爲一，推出了「見素抱樸，少私寡欲」（《老子・第十九章》）此一具原初性、根本性、通貫性與實踐性的論點，爲的是達成他心目中「民利百倍」、「民復孝慈」、「盜賊無有」的理想社會，而如此狀態的群居生活，自可讓人人得享快樂與幸福，自是「幸福人生」的眞實光景，只因老子認定：唯有利益均霑共享、倫理圓滿無缺、人人守分守序，因而生活安全無虞、自由自在，而不被干擾、不被侵害，這才是一個文明、幸福、理想的社會的眞實境況。換句話說，老子堅持的是：一個人的道德有損，便不可能是一幸福之人；一個社會的倫理失序，便不可能是一個幸福的社會。

由此看來，老子之所以一心嚮往「甘其食，美其服，安其居，樂其俗。鄰國相望，雞犬之聲相聞，民至老死，不相往來」（《老子·第八十章》）如此自然，如此清淨，如此安和樂利的「幸福國度」，顯然就是因爲他始終堅持一種特殊的人文理想，並由此建構出一種充滿理想氣息的人文主義，而若稱其爲「以幸福論爲目的的理想主義」或「以幸福論爲核心的人文主義」，似乎並無不可，王邦雄即如此詮釋此一人生理想之境：

> 小國寡民的桃花源，是哲人的超越理境，也是詩人的心靈意境，是精神飛越之理境的開顯，是生命自在之人格的投射，有其真實的意義，而不應貶之為逃避人群之幻想式的烏托邦。①

如此一來，便可以將合理境、情境、心境與意境爲一；而其中自是以生命之自由、

① 王邦雄《老子的哲學》，臺北，東大圖書股份有限公司，一九八〇年，頁一七八。

心靈之超越、精神之昇華，以及美感之顯發，爲其「幸福」之核心意義，而這也正是原始道家最最眞實的用心、最最熱烈的盼望。

由此可見，原始道家由老子開風氣之先，自始便超離世俗之樂的不當誘引，乃轉念向人間，而以「身體我」爲人文與倫理的磨礪之石。於是老子合「自利」與「利他」爲通貫之道，因此倡言：「貴以身爲天下，若可寄天下。愛以身爲天下，若可託天下。」（《老子・第十三章》）如此慷慨之情，直似孔子「天下爲公」的廣大襟懷，而這也同時印證「非以其無私邪？故能成其私」（《老子・第七章》）的公私兩全，人我共生、共存、共榮之道。原來，忘私、去私以至於自我捨離、自我犧牲，而以「放卻一己之樂，以求眾人之福」爲行事處世之原則，便是老子至死不渝的堅持。

至於莊子繼踵老子，同樣在「全德保生」的精神引領之下，以追求人生之至樂與至福爲其用心所在，也就是說，唯有在生命自我保全的前提之下，快樂與幸福才可能作爲眞眞實實的善，而終成爲人人嚮往的生活至高之目的。由此看來，莊子自是以「逍遙」爲人生之至樂，以無拘無束的生活狀態爲人生之至福。因此，如果說「幸福是吾人存在價值總體之實現」，則顯然莊子是以「逍遙」的自由精神與「齊物」的平等原則，作爲實現「至樂」與「至福」的先決之條件與先在之基礎。由此可見，莊子幾乎是把「存有即價值」與「凡存在者皆有其所以存在的價値」的形上之理，全般轉入於「德福一致」

的信念之中，而終與其自然之道與無爲之道相互連結，甚至和合爲一。

既立基於「無爲而無不爲」的開放思考及其所形塑的開放心靈，並由此展拓出生命創新之路，莊子乃從幸福作爲價值之意義核心的立基點，一路推向其思想之頂峰，而終以「至樂無樂」的超拔精神，一方面向「與天爲徒」的價值理想的高處推進，一方面則朝「與人爲徒」的人文場域，展開其「全其德以保其身」的生活實踐，是所謂「至樂活身，唯無爲幾存」（《莊子・至樂》）。由此可見，莊子顯然肯定至樂至福實足以養護吾人實存的這一副身軀，且同時斷言：只有經由自然、無爲、素樸、虛靜的修爲與操練，吾人才可能在自我超越，以至於自我實現的行動之中，獲得培成身心靈和合爲一體所需的種種滋養。

原來，幸福的根柢早就深植於吾人心靈深處，而人我之間的倫理滿全，以至於天地之間的自然協和，則是幸福圓滿之極致。於是莊子從倡言守護精神並強固氣力的養生活命之道，進而揭顯隨順自然以安時處順的了生脫死之道，乃始終不捐棄人間道義，不背離天地法則，縱然莊子後學如此激烈地斥責假仁與假義：「仁義，先王之蘧廬也，止可以一宿而不可久處。」（《莊子・天運》）又云：「古之至人，假道於仁，託宿於義，以遊逍遙之虛，食於苟簡之田，立於不貸之圃。」（《莊子・天運》）由此可見，莊子一心嚮往的是自然、無爲而逍遙自在的精神境界，而他心目中的人格典範則是眞倫理、眞道德、眞幸福與眞生命的完滿融合。顯然，在此一人我無爭、物我無隔、生死無礙，以至於人文與自然之間無止無盡的調停、參酌與磨合的過程中，遍布著有德而後有福、得道而後得樂的具體事證，已然不容否認。

三、殊途而同歸的哲學對比

基本上，道家與儒家之間，並沒有無法突破的思想高牆，也少有難以溝通的異質性概念出現。因此，一味認定老莊對反於儒墨、迥異於孔孟荀，顯然與當時人文思潮並駕齊驅且殊途同歸的情況有所背離。如以莊子論「德」爲例，便可見莊子雖不屬專義的儒家，也難入窄義的儒門，但他卻從其「德與福相應而一致，道與樂相和而共生」的思想高點，縱觀人道、人間與人倫所共鑄的人文場域，因此破除了諸多感性障礙與知性藩籬，而得以兼具智性、德性與靈性的超然之姿，將人間之義與天地之道融洽爲一。

因此，莊子對「命」與「義」做了並行不悖的雙重肯定：「天下有大戒二：其一，命也；其一，義也。子之愛親，命也，不可解於心；臣之事君，義也，無適而非君也，無所逃於天地之間。」（《莊子．人間世》）由此看來，此一父子關係的先天命定，實大可轉爲人倫大義，而此義則已屬普遍之義、應然之義，與君臣之間的後天之義，二者雖一爲私，一爲公，卻可相互輝映，彼此共在，如同康德所謂的「無上命令」，巧妙地以其義務論的道德必然性，將義與命合而爲一，只是康德始終認爲德與福是不相應、不一致的兩路。②而莊子則在其具有德行倫理與效益倫理雙重意涵的境界觀引領之下，開拓出足以將德的應然義與福的實然義二者調和爲一的生命的哲學及理想的哲學。

此外，就儒、道二家對於福與樂的認知與界定，也如同二家對道與德的看法，一樣有同有異，有分有合，其間確實充滿著對比（對其異而比其同）的趣味。先就二家之間

---

②康德如此定義「幸福」：「幸福是我們一切偏好的滿足（既在廣度上就滿足的雜多性而言，也在深度上就程度而言，還在綿延上就存續而言）。」而所謂的「偏好」主要是指感性的欲求，因此康德此一關於「幸福」的定義顯然是狹義的。至於康德另提出幸福與理性的辨證，則已然觸及以獨立自足之意識為先決條件的「永福」，因此，康德乃超越吾人之為一自然之存在者，而進入了吾人之為道德理性主體的「德福能否一致」的弔詭的情境之中。由此，康德發現除了理論理性無法助成幸福理想的實現之外，借力於自由與自律的實踐理性也仍然無法以幸福為根據為目標，而吾人卻始終是一有理性的存在者，也同時是一企求幸福的存在者。於是，弔詭就暗藏其中。最後，康德不得不呼喚宗教，不得不呼求上帝，以設法保證有德之人得享他原先所界定的塵世之幸福。不過，此一哲學的設想卻不必然能成立，而「永福」（它指向來世的、天堂的幸福）之必須以道德至善之意志為根為本，則已然不是「德福一致」的一般性意理範疇能夠完全地回應。以上關於「德福是否一致」之問題的論述，主要參考李秋零〈康德論幸福〉一文，該文初刊於《宗教與哲學》第七輯（北京，二〇一八年），後轉載於《中國社會科學網》。

的差異而論，孔孟最在意的是福與樂的人倫意義，從學習求知之樂、君子成德之樂、人文教化之樂，以至於安貧樂道的極致之樂與滿全之福，在在是屬己又屬人、利己又利人的生命內在而自發的充實、圓熟、通達、定靜、安和，以至於精神境界與心靈願景的全般體現。至於老莊以歸根復命為其追求至福至樂為導向，同時以自然、無為、素樸、虛靜、柔弱、退讓、不爭的涵養與態度，作為獲致自在自得之樂、保生全生利生之福的唯一門徑，則與儒家有所區隔，甚至有所背離，從而另闢蹊徑，因此開發出不同路向的身心照料與生命實踐。

然就思想的動機與歸趨而論，則儒家與道家之間存在諸多共通之觀點，已然無庸置疑，而無論幸福作為一種倫理的價值、一種人文的理想或是一種終極的目的，其眞實之例證則顯然都在二家的哲學視域之中。至於「幸福」意義的緣起、轉變及其多方之體現與應用，更是兩家心意互通的關切。如孔子之由「樂學」而「樂善」，而終與人為善，里仁為美，這分明是以善為樂，以德為福，而此一「德福同根同源」的觀點，和老子言：「故從事於道者，同於道；德者，同於德；失者，同於失。同於道者，道亦樂得之；同於德者，德亦樂得之；同於失者，失亦樂得之。」（《老子・第二十三章》）如此肯定道德眞實不虛的效力，乃源自於道德本有本具的意義，而因同道而樂道，自同德而樂德，其所以同者，既是道是德，更是福是樂，其間之因果歷歷分明，而其相應相續之脈絡更不容混淆。當然，此一因果關係並非純屬實然，而其脈絡更往往超出吾人之理性思維與意志意向之所能及。

由此看來，無論是獨樂之樂或眾樂之樂，也無論是生命內在之喜悅滋味或生活世界裡外推外送的歡樂氣氛，一方面彷彿「如人飲水，冷暖自知」，另一方面則可能引來「天下本無事，庸人自擾之」之譏。如今，有人試圖對一個社會的「快樂指數」或「幸福指數」進行調查，也似乎只是一具有社會科學意義的作爲，其實是很難眞正觸及人心而探入吾人作爲生活主體與社會主體的眞實意向的。顯然，道家反其道而行，如亨利．西季威克（Henry Sidgwick）縱然在相當程度上理解利己主義的觀點：「把自己的最大幸福當作其行爲的終極目標」，但他又同時認定我們可以有理由判定：「滿足人類一般道德意識的道德體系不可能建立在明確的利己主義基礎上。」③而如此地以理性的思考，展開全向度的觀察，以批判快樂主義，而因此不去對「幸福」與「幸福感」，進行任何形式的估價與算計。

---

③ 亨利．西季威克著，廖申白譯《倫理學方法》（*The Methods of Ethics*），臺北，淑馨出版社，一九九五年，頁一〇三。

確實，就儒家與道家的基本立場看來，如何自我修養、自我磨練、自我突破、自我再造，以闡發吾人作為一具道德倫理意義的存有者的眞諦，才眞正是追求康健人生、快樂人生、幸福人生、眞實人生及圓滿人生的不二法門。因此，儒、道二家似乎都對道德心志及其相應之作為，都能夠有助於吾人之獲致幸福與快樂，以至於「至樂」、「至福」、「永福」的實際體現，充滿著信心與憧憬。

根本看來，「幸福」作為一種具有道德意義的價值、一種具有人文意趣的理想，以至於成為人類社群活動的共同標的，實乃自古已然，且東西共譜而同調。從亞里斯多德的倫理學首揭「幸福」（快樂）為德行養成的目的，到當代功利主義（效益論）以幸福與快樂為當代社會作為共同體（community）的立基之點，此一西方倫理學的意理向度，正可以對應於中國傳統儒家與傳統道家之以「喜」、「悅」、「樂」、「幸」、「福」，以至於「至善」與「至樂」，作為其人文化成的至高理想，顯然異曲而同工，殊途而同歸。其間，恰恰可以進行概念的類比、意義的對比，以及諸多系統的錯綜與通貫，而在當代倫理學發展的路途中，展開具有開放性與未來性的思想觀念的再造，以至於理論脈絡全向度的解構與重構，並進而展開古今之間相互之參照，以及東西之間彼此之對比與攻錯。

四、結語

眾所周知，當吾人之價值思考展開其具主體意識的活動之際，那些牽動人我之間的來往，以至於全面介入個人與世界之間的網絡與連結，在在是價值思考、價值判斷與價值觀念相互連結所發生的效應，如善惡的辨別、美醜的鑑定，以及由此而來的言語與行動，在在是開啟吾人心靈寶藏與生命奧祕的關鍵所在，而既已踏上這充滿著精神意趣的愛智之旅與樂道之途，那幾乎隨時都可能現身的「價值」乃儼然如影隨形，自始至終伴同著任何一種人文思潮洶湧向前。

此外，在追求個人幸福的路途中，縱然我們時常可見「有德者不盡然有福，有福者也不必然有德」的現實弔詭。不過，如果我們能夠不再只用世俗之眼看這個世界，而將我們的心志及其眞實之意向，聚焦於由智性與德性交相輝映而來的亮光，那麼我們當可堅信：「愛智」的知性之德與「樂道」的德性之樂，往往互通交融，而終成就圓滿而超卓的人格典範，如所謂的「顏回之樂」：「賢哉！回也。一簞食，一瓢飲，在陋巷。人不堪其憂，回也不改其樂。賢哉！回也。」（《論語・雍也》）此一「樂道」之樂，自是「德福一致」在個體生命中全般體現的例證。而「里仁為美」、人我互為主體的道德客觀效應，則是「德福一致」在人我和合的群體之中推擴而來的顯明與流播。至於老子高倡「天地不仁」、「聖人不仁」的大慈與大愛，以及莊子眞心嚮往吾人與天地萬物共生而同在的廣大襟懷，其中自是身心靈一體而無間無隔的恩慈滿滿，而德與福之間便可經由慈意與愛心的雨露均霑，終究有了不須多所量測，也不必斤斤計較的意理交流以及不同的觀念之間的會通與融合——這不就是儒、道二家共有的心願與懷抱？不就是世上任何人文之學所珍藏、保有的思想觀念的公約數？

千百年來，任何一種人文傳統總難免遭致種種的衝擊與挑戰，而在始終孕育著智性與德性的修身之道全向度鋪展開來之際，由智性活動所獲致的思想因子，卻不盡然和那從德性涵養所陶成的精神要素相符應。因此，在觀念浮沉、文明轉折的歷史進程中，幾乎所有願意迎向哲學思維與道德實踐的人們，都不能不自知、自省、自覺、自察、自醒，以至於自我開放、自我改造、自我創新、自我超越，而終探入存有、價值、意義、理想與生命彼此連結而成的人文生態鏈——這正是當代人文學術之所以踴躍向前，並同時不斷地努力裝備自身，強化自己，來聯手對抗科技大潮的眞實緣由。當然，我們絕不能盲目地反科技、反現代、反一切眞實之人心躍動以及人性本然之敞開與揭露。本來，人文之學與科技之知，二者自始便理當相輔相成，分工合作。顯然，長久蘊積於人心底層的種種價值理想畢竟不死不滅，也終究有機會大放異彩，而讓吾人又一次大顯身手於此一雜沓喧囂的新世界與新文明連袂而來的種種現場。

第二節 儒道會通的文化救治與心靈療癒

儒家與道家允稱中國人文精神與思想傳統的兩大柱石。一般而言，儒家禮讚人文，道家則崇尚自然，而此一分流的趨勢自先秦已然昭著，到了魏晉時代，更是變本加厲，於是出現了「名教」與「自然」之間的分分合合，因而衍生出種種的文化之弊、心靈之疾與生命之痛。

就人類聚合之群體而言，文化之弊似乎在先，而後才有心靈之疾與生命之痛。然而，就各有分別的個體看來，心靈之疾與生命之痛顯然無處不在，無時不有，至於文化之弊則有待有智之士與有心之人進行實際的考察，才可能具體而客觀地被揭發出來。

兩千多年前，華夏民族聚居東亞大地，終營造出迄今仍然具有一定的鮮活效力的思想因子與精神元素，這或許始料未及，但卻已然在文明黯黑的底幕之上，畫下了一道道斑斕無比的色彩，此一集體性的歷史成就與文化積累，似乎不是考古學家、人類學家，甚至是一般社會科學的研究者能夠以客觀之眼全然勘破，因為其中含藏著許許多多的價值觀念、心靈屬性、精神傾向，以及諸多涉及主體性而難以言宣的生命奧祕。

一句「周文疲弊」，似乎道盡了孔、孟、老、莊，以至於楊、墨、荀、申、韓、公孫龍等人應運而起的時代背景。不過，儒、道二家之所以歷久不衰，主要是因爲兩家眞正善解了吾人生存所繫的兩大「實有」的眞諦：一爲時間之爲一大實有的意義，一爲空間之爲一大實有的趣味。前者爲儒家之所特別關切，而後者則爲道家之所特別在意。因此，方東美稱儒家爲「時際人」，道家爲「太空人」，洵非虛言。

孔子之被稱頌爲「聖之時者也」，自有其與儒者人格緊密關聯的眞實意義。其實，就儒家所推崇的中道精神，以及知所進退以自修自勵的權變之方與處世態度看來，儒家與道家分別在深入探究時代文化之弊病後，顯然採取兩路並進的道德實踐與倫理修爲：一爲對治個人之身心與性情以培成健全之人格，一爲整飭家國社群之秩序以臻於平治盛世的至高理想。

爲了揭顯足以治理並陶成個人之身心與性情的療癒之道，而同時致力於再造人文之精神與人文之理序，以企圖重建家國社群而上達於治平之世。對此一人文理想之實現，儒家與道家都付予同等的關切與思考。先秦儒家即一方面繼承以周禮爲大宗的文化遺產而保守之，一方面則爲此一「損益可知」的文化進程，找到了足以永續發展的根基與動力——此即孔子之所以高倡仁道之履踐與推擴，以設法回復文化眞實之內涵與豐沛之生機的主要緣由。

對此，牟宗三在肯定儒家並非文化的抱殘守缺者的同時，即斷言：爲恢復周文內蘊的生機，先得使人的生命站起來，這就是當時最重要最迫切的文化問題、社會問題與道德問題。牟宗三於是如此讚揚：「開闢價值之源，挺立道德主體，莫過於儒。」④

由此看來，牟宗三顯然認爲文化乃人之所創、所造、所成，故揭櫫「人文化成」之道，肯定人之爲主體。唯有先行挺立人之爲道德主體，文化才可能從疲弊衰頹的境地中，獲得救治而重生再起，而始終浸淫文化且亟需文化滋養的個人，也才可能獲得療癒而眞正地挺立獨立，而終體現儒家原原本本的道德思維與人文精神：「道德並不是來拘束人的，道德是來開放人、來成全人的」⑤此一高明的理想。

牟宗三認定本心是主體，良知是主體，甚至「愼獨」的修養工夫，也非講主體不可，而講愼獨又必須從誠意講。所謂「毋自欺」、「自慊」以至於「富潤屋，德潤身，心廣體胖」的道理，其實都必須經由吾人的道德自覺（後來，牟宗三將此一深入吾人本心本性的道德理性，上轉爲其所獨見獨發的「智的直覺」），因此得以不斷揭顯吾人之爲道德主體的眞實意義，終於同時確立儒者的倫理實踐之道與生命體驗之道。

④ 牟宗三《中國哲學十九講》，頁六十二。
⑤ 前揭書，頁七十八。

在宣稱儒家是徹頭徹尾的縱貫系統，並拈出「道德創造」之觀念，建立其「道德的形上學」，而將儒家的德行論思想推至極致的同時，牟宗三則將道家思想歸入他所謂的「縱貫的橫講」，因為他認為道家哲學屬玄理性格，而且突顯境界型態的形上學，追求的是觀照境界、藝術境界、美感境界。

對比於儒家以眞正的道德性充類至盡地挺立「眞正的主體性」、「自由的主體性」，而終體現道德的眞自由，牟宗三則認為道家（特別是魏晉道家）所一心嚮往的是「非道德而超道德的自然無為之主體」，而因此企圖超拔於名教與自然相互傾軋的矛盾與衝突之外，以便讓個體生命獲得休養生息的機會，也同時讓社會文化避免淪入乾枯涸竭的悲慘境地。所以，牟宗三認定魏晉道家開出「智悟境界」，由此吾人乃能悟出中國固有的哲學傳統。⑥顯然，牟宗三是從哲學思考的角度，來肯定道家之作為人文之教實足以救治吾人生命與心靈之病痛，其中具體事例已然在魏晉時代屢屢可見；而和牟宗三同等關切「哲學思考與人文精神究竟能夠如何針砭時弊，如何料理人心」此一根本問題的勞思光，則以其「基源問題研究法」，來試圖綜覽中國哲學思想的主要流派。而其所

⑥ 牟宗三《才性與玄理》，臺北，臺灣學生書局，二〇〇二年，頁六十六。

謂「基源問題」即「自我」之問題，也就是與「主體性」之意義相關相應的基本哲學問題。顯然，勞思光相當關注歷代哲學的主體意向，而往往將歷代哲學所探究的自我問題與文化問題予以連結，以突顯其人文心靈與思想邏輯二合一的全貌。

因此，在勞思光將孔子所關注的「自我問題」歸屬於「德性我」的問題之後，他乃進一步歸結孔子之學實爲一人文之學與德性之學，而因此做了如此通貫主客、連絡人我的推斷：

其最大特色在於將道德生活之根源收歸於一「自覺心」中，顯現「主體自由」，另一面又由「仁、義、禮」三觀念構成一體系，使價值意識由當前意念，直通往生活秩序或制度，於是有「主體自由之客觀化」。有此兩步肯定，於是義命分立，原始信仰之陰霾一掃而空，而人之主宰性及其限制性，亦同時顯出。⑦

由此看來，勞思光似乎認爲孔子已然將文化救治之道收攝於吾人一念之自覺，而此一主體之自由，其實已然飽含價值意識、文化意識與社群意識。

⑦ 勞思光《新編中國哲學史（一）》，頁一五〇。

至於勞思光之看待道家，則可以他對老子思想的考察爲例。他認爲老子所肯定的自我境界可證爲「情意我」，而相較於孔子，老子顯然更關注吾人生命存在之爲一個體之存在，並進而以自然爲道，以自性爲德，以情意之內容爲自我之核心。因此，順上述之理路，勞思光於是如此作結：

離物之心，乃為真我。老子所取者為情意我，五千言中遂力破德性我、認知我及形軀我。蓋以為德性、認知及形軀悉為「執」也，於是而有「無為」之義。⑧

由此可見，儒、道二家都以成就眞我、實現眞我爲職志，也都認爲文化救治與心靈療癒必須兩路並行，而二者之間之互爲因果，更是事蹟昭然，班班可考。特別是在人人自覺爲一獨立自主之人的前提下，以主體性自由爲極其珍貴之意義資源，乃理當作爲心靈療癒之藥石，如何爲文化之現實尋找振衰起敝之道，就有待所有自由之人在一定的理序引領之下群策群力了。

⑧ 前揭書，頁二四二—二四三。

如果心性修養與人格培成也是一種心靈療癒，或至少是吾人生命自我療癒之必要的奠基工作，那麼，牟宗三和勞思光不約而同地發現儒家與道家所揭露的主體自由，並由此構建出可以相互對比而彼此會通的意理系統，其學術貢獻確實超出一般哲學史家，縱然牟宗三拓開的是具有人文關懷意義的判教思維，而勞思光則展開其具有理論典範趣味的邏輯思維。

此外，在分別疏理出吾人之「自我」之作爲文化之主體、理性之主體與道德之主體的同時，其思考的全幅向度於是以人文關懷與生命關懷爲基點，顯然是儒家與道家共同的堅持。雖然儒、道二家在一定的理論範限之內，都可能被視爲文化守成主義者，或竟是文化否定論者。不過，在這被稱作是人文初醒與理性除魅的古老年代，文化之所以需要救治，心靈之所以需要療癒，其中緣由其實不難尋找，而其外顯的病兆則至少有以下三樣癥候可供探詢：一、理性之專斷與偏執。二、情欲之陷溺與淪落。三、意志之獨裁與裂解。這三者之間往往相互牽連，彼此影響，而終釀成吾人生命內在之大患。

當然，理性與道德的異化乃所在多有，而孔孟、老莊對此已然多所警醒，並且提出了有效的對策。孔子之啟發教育，如其所言：「不憤不啟，不悱不發，舉一隅不以三隅反，則不復也。」（《論語・述而》）即是重視逆向思考、雙向思考、開放思考，以及多元思考的教學模式。又如莊子之強調「以明」、「兩行」、「道樞」、「天鈞」，一樣都是爲了對治心靈異化、生命異化，甚至是社會種種異化之情事，而其中所發露的中道之精神、平衡之原則、和諧之歷程，以及整合之目的，在在異曲而同工。

至於老子批判感官文化之嚴厲，迄今依然如雷貫耳：「五色令人目盲，五音令人耳聾，五味令人口爽，馳騁畋獵令人心發狂，難得之貨令人行妨。」（《老子・第十二章》）如此以客觀之眼的觀察，讓我們不禁想起莊子「渾沌」之死的寓言。看來，自然本無疾無患，而人間則難免有流行之病。

老子的道德之言與倫理之說，似乎可歸結爲「見素抱樸，少私寡欲」（《老子・第十九章》）。所謂「素」，指的是化有入無、轉實爲虛的治心之道；所謂「樸」，則是去繁入簡、除僞成眞的修身之路。至於「少私寡欲」，則已然是爲了追求公正均平的理想，所必備的人格涵養與心靈素質，它也同時是人我一體、共在共榮的溝通行動，以及文化自主的造就與成全。

此外，孔子和孟子也絕非食古不化之徒，就讓我們仔細聽聽以下這些開明之語：

「子絕四：毋意，毋必，毋固，毋我。」（《論語・子罕》）

「君子之於天下也，無適也，無莫也，義之與比。」（《論語・里仁》）

「言必信，行必果，硜硜然小人哉！」（《論語・子路》）

「大人者，言不必信，行不必果，惟義所在。」（《孟子・離婁下》）

由此看來，唯有人人都養成開放之思考與開放之心靈，並且懂得運用垂直思考與水平思考，在感性、知性與德性交會的過程中，真正實踐境遇倫理與關懷倫理，而因此不偏執、不專斷、不獨裁，而終能善與人同，知過能改，以至於下學而上達。如此一來，我們才可能眞正發揮批判之精神，並善用批判之思考，以相互包容，彼此合作，存異求同地一起邁向共同的未來。

總之，儒、道二家都各自拓開其由「有對」到「無對」，由「有執」到「無執」的觀念拆縛、思想鬆綁、心靈開放與精神超脫之路，這其實就是吾人生命之活路，其間，自然實有之理與道德實存之義，理當兩相對映，共有共在。而守中用中之道，也當在本善而向善的人性基石之上，擇善而固執之，而此「固執」，已非一般意義之「固執」，其超然於意識型態之束縛與框限，實已不在話下。至於對普遍性原則與特殊性原則、同一性原則與差異性原則，應如何平衡地加以運用，則已經和公民社會之形成，以及公民之德的養成，密切相關。其間，我們顯然亟需培養大公容私之襟懷，以及超克任何形式的自我中心主義的精神力道與心靈能量。唯有如此，我們才能夠一起從事救治社會文化之弊與吾人心靈軟弱空乏之病的生命大業。

第三節　後疫情的人文陶成與生命療癒：一項道家觀點的哲學考察

自新冠肺炎（Covid-19）疫情爆發以來，至二〇二二年九月，全球已超過六億人染疫，逾六百五十萬人病故，嚴重程度前所未見。新冠疫情迅速蔓延的趨勢已然普世化，加之變種病毒難以預測，更造成全球性的驚恐與憂懼。人人口罩半遮面，神經時而緊繃，作息隨機更變，人際往來動輒受阻，訊息之流通與社群之聯繫，已然不得不依賴網路之遠距傳輸，其影響之層面不可謂不大，其波及之範圍不可謂不廣，而其妨礙人文發展與生命孕育，更不可謂不重。

在醫療科技與公衛系統全面動員，緊密合作，一起對抗這世紀病毒的同時，所有的人文與社會學科相關的意理資源，顯然也必須充分發揮各自內蘊之功能與效力，以呼應並配合這空前的全球抗疫行動，來加速完成復原、重整與再造的工作。

一、人文涵覆下身心靈一體之覺察

歷來，哲學家對生命劫難與生活災殃的考察與探究，始終不遺餘力，而他們同等重視身體健康與心靈悅樂，也幾乎是雙轡並行的眞實意向。從人文發展的歷程看來，身心靈一體的觀念，幾乎是所有關切人類生命存在境況的哲學關懷的核心。

以柏拉圖的觀點爲例，縱然他認爲靈魂與肉體無法全然和合爲一，但他之所以要那些囚犯解開綑綁身體的束縛，走出暗黑的洞穴，迎向光亮，一方面顯然是在強調心靈的自由，另一方面則是爲了身體的存在且健在，做了具決定性的正向努力。想想，終日困在暗黑的洞穴裡，不僅失去自由，更同時失去健康，失去自自在在且健健康康的生命。

到了當代，重視身體的存在，甚至以「身體我」作爲自我存在的先決條件，已然是當代哲學的一種共識，雖然對身體的覺知與肯定不一而足，對自我的理解與闡揚更是各擅勝場，但一些知性與感性同樣敏銳的哲學家，則幾乎都有他們獨有的身體觀，甚至連帶地有他們對疾病、傷痛、憂愁、衰老與死亡的特殊見解。

例如自小體弱多病的齊克果（S. A. Kierkegaard）之所以一生與「憂懼」同在，除了哲學思考的理由之外，似乎與他的家庭、他的身體脫不了干係，他甚至還寫了《致死之病》（*The Sickness unto Death*）一書，認爲所謂「致死的疾病」便是因絕望而失去自我，而痛苦至死，除非我們心存盼望，並因信仰而獲得重生的活力，否則這「致死的疾病」便將可能終生糾纏著我們。此外，著名的存在主義者卡繆（Albert Camus）於一九四七年出版的代表作《瘟疫》（*La Peste*），描述的是在一座鼠疫蔓延的城市裡多重多變的人性現形，以及人們如何同心對抗鼠疫，而最後予以消滅的虛擬故事。不料，卡繆竟如預言家一般，早在七十多年前，便透露了我們目前被疫情重重包圍的窘境。

在此，回視東方，回到兩千多年前的古中國，我們發現：古往今來，眞的是「人同此心，心同此理」。除了北方的儒家與墨家，爲了讓天下人能夠免於種種的災難、不幸及病痛而一起過著美好生活，便不約而同地奔走天下。在南方的水鄉澤國，老子與莊子也一樣抱著「人溺己溺，人飢己飢」的關懷之情，一心盼望人人無災無難，無病無痛，而遠離禍害，打退所有可能的惡敵與寇讎，以回復我們本有的質樸、純眞與自本自根的生命力——這正是道家意圖融洽人文與自然的療癒之道、健康之道。

首先，老子以「見素抱樸，少私寡欲」（《老子．第十九章》）作爲其人文關懷與人文思考的主軸，而這也是他設法超克疾病，救治身體，以恢復健康的生命實踐。當然，老子思想主要的意向乃在提出「無爲而治」的治國之道，不過，老子似乎認爲，在治病、治生、治人與治國之間，顯然存在著互通而一貫的道理。

而就老子試圖衡定人文與自然之間的關係的思想動機看來，其哲學思考之主軸，顯然落在吾人之爲個體存在究竟能夠如何安身立命，而「安身立命」首在「明哲保身」——所安之身、所保之身，即是吾人僅有的這副身軀，意即所謂的「形軀之我」、「身體之我」。老子原本就極爲關注吾人之爲「身體我」、「形軀我」之存在，並斷言吾人之所以會招致生命之禍患（自是包含人人都可能疾病纏身，以至於癘疫蔓延的災害與苦難），原因即在於吾人之擁有此一身軀：「吾所以有大患者，爲吾有身，及吾無身，吾有何患？」（《老子・第十三章》）由此可見，老子對身體之重視與關懷，已然超出我們的想像，而他同時又對吾人此身之可能得病染疫，有著極爲敏銳的覺察與細膩的心思，因而施行其具根本性之對治，以及具澈底療癒效力的思維與行動。

至於安身保身之道，則在在是老子「道」思想的意義顯豁，而其隨之延展開來的實踐路徑，至少有以下六個基本向度：自然之道、虛靜之道、柔弱之道、慈儉之道、漸進之道與功成身退之道。顯然，生命本自然，並因任自然，而始終不背離初心，不遺棄根柢，由此，吾人才可能不斷地還存在之原，不斷地返性命之本。如此一來，心虛而身靜，心柔而身弱，心慈而身儉，吾人乃能身心一體地漸進前行，終究功成而弗居，身退而保生全生——這不正是「明哲而保身，安身而立命」的人性整全之道？不也正是生命自立自主自強的康復之道？

由此可見，吾人若欲進行回返初心，甚至直探本性的自我之覺察、自我之省思、自我之超克、自我之實現，以及自我之完成，便必須將「身、心、靈」三者之間可能遭致斷裂的原因與根由澈底地解除——此一形同查探病情，診斷病因，而後與病毒奮戰到底，以尋求完全康復的「自我療癒」，實不能不在厚實的人文、人道與人倫所共構而成的基礎之上，逐步地遂行其培成人文、踐履人道，進而發揮人性與人倫互通而共有的智性之能、靈性之力，以及神性之光。對此，老子一方面全心盼望「天下有道」的願景，一方面則提出「治人事天」之道，一再強調無爲、不爭，以回應自然，而至於「知常容，容乃公，公乃王，王乃天，天乃道，道乃久，沒身不殆」（《老子・第十六章》），終體現「生而不有，爲而不恃，功成而弗居」（《老子・第二章》）的慷慨無私、寬容無怨之精神。如此「明道理，遵規律，守秩序」的涵養與修爲，則是由「知人者智，自知者明」（《老子・第三十三章》）的智性之路與「爲學日益，爲道日損。損之又損，以至於無爲。無爲而無不爲」（《老子・第四十八章》）的德性之路，此二路會通而成一道足以讓吾人保生全生的康莊大道，履踐其間，我們一方面得以體現自修自治、自療自癒的個體康健之道，一方面則可以踐行共修共治、共生共成的社群合作之德。

老子之所以不畏殘缺，不怕衰老，更不懼死亡，只因他深諳不死不亡的長生久視之道，而且始終不捨棄生命之根，更不背離自然之本，正如王弼爲《老子・第三十八章》所下的注腳：

守母以存其子，崇本以舉其末，則形名俱有而邪不生。大美配天而華不作，故母不可遠，本不可失。仁義，母之所生，非可以為母。形器，匠之所成，非可以為匠也。捨其母而用其子，棄其本而適其末，名則有所分，形則有所止，雖極其大，必有不周，雖盛其美，必有憂患，功在為之，豈足處也。

顯然，母子俱存，本末合體，而始終如一，生生不已，不僅是「聖人常善救人，故無棄人；常善救物，故無棄物」（《老子・第二十七章》）的仁者之襟懷與醫者之慈心，爲的是保生救命，爲的是培生命之元，固人文之本，以奠定人文與人倫之基石——這同時是企求身心靈一體完備、完好的生命療癒，如其所言：「夫唯病病，是以不病。聖人不病，以其病病，是以不病。」（《老子・第七十一章》）其中，自是充滿了先見與預見，以及自我省察與自我檢點的涵養與修爲，恰如目前全球爲了抵擋出沒無常的病毒肆虐，勢必盡我們自身所有之心量與能力，在效益論與義務論雙向並行的倫理思考與道德實踐之間通權而達變，殊途而同歸，又能自我節制，自我惕勵，而終能以理解、協議、忍讓、溝通、團結、合作的態度，全面採取阻絕病毒的預防性措施，否則，所有事後的補救與療治，便可能徒勞而無功。

二、生命療癒之道及其古典策略

唯有在人文的涵覆與陶成之下，人性才可能超克一切之災殃；也唯有經過自然的調理與醞釀，生命才可能獲得眞正的療癒，而康復健在，無憂亦無病。於是，莊子繼踵老子，持續在大道無垠亦無阻的廣闊路徑之中義無反顧，勇往直前。其間，吾人自可「逍遙」而遊，「齊物」而論，進而陶養生命之主（生主），以善處人間之世，則吾人之德行便將內外相符，人我和合，而始終以「道」爲宗，以「道」爲師。如此，乃得以自我保全而自我做主——做自家生命之主，而終回復天眞無邪、純然無瑕的本來面目。

原來，莊子如同老子，倡言師法自然以保全自家性命，其生命實踐之道是無爲、無知、無欲以不傷此身、此生。而由《莊子》內七篇的意理脈絡看來，顯然，莊子深諳吾人生命之爲個體之存在，原本就是充滿種種有限性與可能性之存在，也自是揉合實然性與應然性之存在。因此，莊子所謂的「逍遙」與「齊物」的眞諦，乃旨在衝決天地之網羅，以體現生命內藏之底蘊與潛能，以破除種種主客觀之障礙，而終獲致足以養生保性全生的眞自由、眞平等、眞幸福。

如果我們把《莊子》當作是一本具有現代意義的生命療癒之書來讀，似乎並無不可。特別在此一史無前例的全球疫情依然嚴峻的時刻，《莊子》一書充滿哲學意趣的文本，顯然內藏「互爲主體」的對治、諮商與療癒的意理資源，値得我們一起用心來思索探究。

就「人之所以爲人」的人文思考與人本立場的立足之點看來，在莊子眼裡，眞實存在的是一個一個的人，而所有的人也因此身此在之實存境況，而有別於他物。因此，吾人之與天地萬物共存的關係，便全般被納入吾人存在的幅度與向度之內，而其中便同時出現許許多多涉及無與有、一與多、同與異、生與死、眞與假、變與不變、殘缺與整全、疾病與康健、和諧與動亂等具對反性、辯證性與弔詭性之哲學命題，而它們正是亟需吾人付諸觀念性思考與有效性行動的實踐性課題。

在此，我們可以同時運用老子「反者道之動」（《老子‧第四十章》）與「弱者道之用」（《老子‧第四十章》）的原理，來詮釋上述莊子所提出的哲學命題與生命課題，並由此設法探入莊子所展拓出來的寬廣之理路與深邃之意向。而莊子所親身踐履的理路即爲「每下愈況」而當得起「周、遍、咸」之名的「道」——此「道」已然不只是游移於主客觀之間的概念，而是普及於事事物物之間的理則與規律。至於莊子經由其對此一生命實存境況的眞實的體驗，而生發出的深邃意向與高遠理想，不僅有本有原，有理有據，而且蘊藏著兼具人文培成與生命療癒雙重之作用與效應的意理網絡，而此一寬廣而開闊的意理網絡，若以《莊子》文本爲根據，顯然有彼此交疊的七個面向及範域：

（一）「逍遙遊」的境界療癒：從有限而無限，自有待而無待，吾人究竟能夠如何將自我超越之精神充沛淋漓地展現於此生、此世、此在的生活情境之中？吾人又能夠如何自我安頓於一己生存所依賴的諸多條件延展與變異之間？而在相依相待的生活情境與生存環境之中，吾人又如何能夠以超然之姿與開拓之力，不斷地衝決網羅，破解糾結，而究竟實現「至人無己，神人無功，聖人無名」（《莊子・逍遙遊》）的自由開放與解脫自在之理想？在在是人文與自然交遇通融而洽合於吾人此身、此心、此命、此在，從而敞開「逍遙之遊」的無垠之境與無阻之界的生命課題。

（二）「齊物論」的智性療癒：既已一心盼望生命之自由與精神之超越，莊子於是高舉「天地與我並生，而萬物與我爲一」（《莊子・齊物論》）的平等之理，並將其用來掃蕩世上一切之不平、不齊與不和，特別是那些因思想偏差、意識固執與情欲陷溺等心靈痼疾，所衍生的紛爭與衝突。由此一來，莊子乃破解了夢與覺之間的弔詭，而如蝴蝶翩翩飛起。如此，因有生命之眞自由、眞平等與眞和諧，乃終獲精神之眞自在、心靈之眞解脫與自我之眞圓成，這不也正是充滿人文意趣的眞療癒、眞康健，以及吾人生命眞實之顯豁？

（三）「養生主」的精神療癒：在自由的滋養與平等的護持之下，莊子的生命關懷於是聚焦在吾人此身——身體之我乃吾人賴以存在、存活的現實性底基，要善待並善養此一吾人所僅有的形軀，則必須先理解它原本具有的完整性與機體性。於是，莊子請庖丁表演出神入化的「解牛」，而由技進於道，具象且生動地以「遊刃有餘」的工夫，徹頭徹尾地保護住此一可能被內外夾擊而遭害受損的身軀「安時而處順」，以療癒身心於一體和合的生機活絡之間，吾人之精神自然安定順當，而且無憂無懼，無傷無痛。

（四）「人間世」的倫理療癒：莊子身處人倫之網絡，卻一心嚮往自然之風光。同時，他又深知吾人難免可能在「陰陽之患」（患病染疾）與「人道之患」（遭懲受罰）的雙重壓力之下，躊躇不前，徬徨無依。於是，莊子將他所認定的人間兩大法則：不可違逆的「命」（如子之愛親）和理當遵行的「義」（如臣之事君），二者予以連結，雙管齊下地在知命、解命而安於命，又能行義、守義而盡義的智德合一、義命無礙的倫理基石之上，而終開拓出了足以醫治心靈之傷病，袪除精神之憂懼的療癒對策。

（五）「德充符」的德性療癒：所謂「德充於內而自符應於外」，其主旨乃在「內外如一」的德行養成的過程之中，保持一貫之信念與眞實之盼望。由此看來，莊子重視人格之培塑及人倫之滿全，幾乎與儒者同心同願。然而，莊子深諳自然之道與無為之趣，並善用吾人天性之資及其本然而有的蘊藏，將敦品修德之道，轉向吾人心靈之基底，而以「才全而德不形」（《莊子．德充符》）的態度，應對一切變化之境況，終使「死生存亡，窮達貧富，賢與不肖毀譽，飢渴寒暑」（《莊子．德充符》）等「事之變，命之行」（《莊子．德充符》）不至於傷損吾人眞實之本性，終能保住人格之整全與生命之完好，於是，莊子做了一個恍似醫者診斷之結語：「不以好惡內傷其身，常因自然而不益生。」（《莊子．德充符》）其中，顯然可見滿滿自我療癒的意味。

（六）「大宗師」的靈性療癒：既以道為宗，以道為師，則吾心便不再師心自用，不再獨斷妄為，而終不受任何世俗性的束縛與阻障。因此，莊子在整飭身心之後，便一路探向精神的頂端，同時潛入靈性的深處，終形塑了「眞人」，陶養出「眞知」，而在「有眞人而後有眞知」（《莊子．大宗師》）的人格典範映照之下，一方面展開其「心靈除魅」的工作，一方面則直探靈性之底蘊，以解消文明發展可能夾帶而來的累贅、束縛，以及種種之干擾。由此，莊子乃以「墮肢體，黜聰明，離形去知，同於大通」（《莊子．大宗師》）的密契經驗——所謂的「坐忘」，並以全幅之生命付諸實踐與實證，而終將天地之造化與自然之大化，轉為此一靈性療癒的眞實場域。

（七）「應帝王」的主體療癒：說來有些弔詭，莊子一以貫之的生命自知自明、自發自止、自主自成的自我療癒，其所依憑的文本，竟然終結於「渾沌之死」的寓言。不過，只要明白莊子的初心與用心，便可了解「生死」作爲一鉅大現實的眞正意義。而在「渾沌」其實可以自主地不死不亡的推論之中，我們可將所有的療癒都收納於主體之療癒、終極之療癒——而主體之起立不妨「去主體」與「超主體」的自我超克、自我救拔，以及自我之再造與升揚。此外，死亡作爲一具終極性的事實，其實無終亦無極，只因任何人都在天地之道無所不及的弧度與幅度之內。此一生命實有之辯證與弔詭，幾乎可以在自我療癒的歷程之中，逐漸地被解消，而吾人此身之免於病痛，吾人此心之離棄苦惱，便已然不是無稽之談，不是狂妄之言。如此一來，莊子的生命療癒之道及其諸多策略，也就不必高掛「醫門多疾」（《莊子．人間世》）的招牌。

而如此歷數莊子的生命療癒已然揭露的根本之道，以及其可能展延開來的諸多徑向，我們實不能不同時謹慎料理所有與我們身家性命攸關的人文課題。而在天然與人爲已然混雜揉合而演生出的病原與病毒（包括足以傷神壞生的精神性因子）四處撒播之際，我們的當務之急，乃在打開人文整全之道與身心康健之道並行無礙的生命通路，而此一植根人文且足以應和自然的思維與實踐，原本就是老子作爲道家先行者一再提醒世人的心靈照護與生命關懷。

本來，老子治世、淑世之心原就十分殷切，然老子本懷其實落在「要治世治國得先治人，而要治人，則須治身與治心雙管齊下」此一思想之主調及意義之主軸——根本看來，治人、治世、治國之治，並非僅止於統治與管理；而治身、治心之治，其精義更在於調理與養護。因此，身心康復之道幾全在於身心靈一體之照料、鍛鍊與陶冶，即所謂「修身養性」之工夫。當然，就身體作爲吾人存在無可揚棄之資藉與根基，老子言：「聖人爲腹不爲目。」（《老子・第十二章》）又言：「聖人之治，虛其心，實其腹，弱其志，強其骨。」（《老子・第三章》）其養生之道，顯然身心一體並重，而以調理心思、情欲、意識與性靈爲要務。唯有如此，我們才可能達到眞正康健的生命狀態，如現代醫療保健專家已然不以「投藥除病」爲首要工作，而以「不讓人得病生病」爲當務之急，於是有下述近似道家養生又養性的智慧之言：「簡單的說，是否健康依各人的飲食和生活習慣而異。」⑨由此亦可見，視聽之娛及種種官能饜足之樂之有害健康，有損生命，眞可謂「自古已然，於今爲烈」。

由此看來，道家之生命療癒幾乎都在廣義的人文療癒的範域之中，若人文培成之道能夠始終不背離自然之道，則種種療癒之策略便將可以由博返約，化繁爲簡，而終於事

⑨ 新谷弘実著，劉滌昭譯《不生病的生活》（病気にならない生き方），臺北，如何出版社有限公司，二〇〇七年，頁三十九。

半而功倍，順理而成章。此外，如何維持情緒穩定，得失利害不縈心，更不攖心，如老子所言：「寵辱若驚，貴大患若身。」（《老子・第十三章》）則可說是相當難能可貴的修養了。

三、用心思考才能自主生活

當代哲學諮商大師馬瑞諾夫（Lou Marinoff）在他的名著《柏拉圖靈丹》（*Plato Not Prozac!*）裡，曾感慨地說：「到處都是心理治療，為何沒人用心思考？」馬瑞諾夫這話顯然意有所指，並且有其特定的關注及針對性，而他所針對的，一方面指向當代心理治療全面發展的盛況，而他是否對心理治療有所質疑，則不必他人妄下論斷。另一方面，馬瑞諾夫所最關注的，便是如何鼓舞人養成「用心思考」的生活習慣與生命實踐，以適時適地，適人適機地解決問題，而進一步開拓出生命美好前景。

對上述哲學諮商專家所發現的問題，在兩千多年前的古中國，就有有智之士做出了幾乎同調的回應，而其中最值得我們反思的，便是後來被歸入「道家」的莊子，在《莊子》超卓絕妙的文字裡，處處可見思想的珠璣——它們時時閃爍著智性的光芒，而終以天地為吾人生活之全幅，三百六十度地照映出鋪天蓋地的美麗、生動、遼闊、悠遠、深邃而引人無限遐思的璀璨畫圖。其中，有奇人、奇景、奇物，還有不可思議的怪事怪譚，以及無以名之，甚至不可理喻的奧妙與神祕。

顯然，莊子自始便「用心思考」，而不僅止於「用腦思考」——原來，單單用腦思考是不夠的，特別在生活無盡的歷程之中，我們所可能遭逢的生命問題，往往是攸關我們每個人獨一無二的生命存在的根本課題，終究不是一個個小腦袋能夠全然應對及處置的。

在《莊子》一書裡，所以出現「荒唐之言」，甚至是「無端崖之辭」，便彷彿是「山人妙計」，或近似「非常手段」，只是為了澈底了解我們活著這個事實背後的意義所在，也當然是為了讓我們能夠自由自在地活著，並活出獨一無二的生命來——什麼光景、什麼境況才可能讓我們現出自己生命的「獨一無二」、「舉世無雙」，而且「無可替代」、「無可讓渡」的價值？對此，莊子並未提供答案，也不玩猜謎遊戲，他總是教我們靜下心來，用心思考，把整個人放在生活的種種情境裡，來細細地思量，徐徐緩緩地咀嚼其中滋味。

當然，在用心思考之際，我們仍得用腦力，用氣力，用整個生命的力道，來迎向這錯綜複雜而恍如織錦之圖的天地與萬物——所謂「天地萬物」，可不是單單薄薄、細細長長的集合之詞，而是一個具體存在的大機體，甚至是活靈活現的大生命，我們很幸運地和它共在，與它周旋，並且整整一輩子和它相伴而共在。

把《莊子》當成千古難尋的一本療癒之書，這道家式的生命療癒即是「自然療癒」，也是「人文療癒」，而在自然與人文相互融洽的過程中可能出現的意理、意義、意趣與意象，則已全般洋溢。莊子除了說出道理，解出趣味，還在一般的邏輯思考之外，另外進行了道家式的批判思考與創造思考——顯然，莊子批判的是自己，而所謂的「創造」，對莊子而言，乃是吾人生命自由自主的創造，以及吾人運用此一創造之力所生發出的生命之精彩與生活之趣味。

原來，生命自由自主的思考始於自己，也終於自己，恰如莊子的譬喻：「始卒若環」（《莊子・寓言》）、「樞始得其環中」（《莊子・齊物論》），眞實的批判與自由的創造，就在這生命自在迴旋的舞姿裡，如天女散花般冉冉而來——這其實就是超乎一般推理的情意邏輯，它自有其特殊的條理、秩序、脈絡、歷程與目的，而這不就是「得其環中」、「執兩用中」，並因此「託不得已以養中」（《莊子・人間世》）的生命中道？一切的療癒不就由此中道而來？一切的自由、自主、自在與自得，不就在此一自我反省、自我批判的清明的心靈裡汩汩而出？

顯然，我們可以繼續向莊子討教，以解除我們心中莫大的困惑與迷惑：

（一）逍遙之遊：莊子一心追求眞自由（生命的大自由），他到底是如何挖掘出生命的活水，來滿足千百年來世人埋藏於心底的渴望？

（二）齊物之論：莊子不說「是非之言」，只是默觀天地而與萬物共在，他如何能讓我們在這是是非非、紛紛擾擾的人間，長保平靜之心與清明之智？

（三）養生之主：莊子當然盼望人間無疾無病，也無任何傷痛，然而人只要活著，死亡與病痛便總在一旁窺伺，我們又該如何保養自己這一身極其有限的精神與力氣，而活出眞正康健的生命？

四、結語

在全球持續跟這世紀病毒奮戰的過程中，與「疫情倫理」、「科技倫理」、「全球倫理」攸關的事例層出不窮，特別在「生命倫理」、「醫病倫理」與「網路倫理」等影響人類生活境況至爲深遠的實踐場域裡，更有無數與「責任倫理」、「權分倫理」，以至於「義務論」、「效益論」密切相關的議題，在在値得吾人以哲學的視角，進行全方位的探究與討論。

而由於目前疫情仍未完全銷聲匿跡，對於疫苗接種的疑慮與爭議更是一波未平，一波又起。因此，「後疫情」的「後」便不全然是時間意義的「後」，而可以是「後設」之「後」，如此的意義斟定，展開了一些涉及對比思考、批判思考，以至於原初性思考、根本性思考與整全性思考的意理幅度，而其中顯然蘊含哲學思考所特別關注的倫理重整及人文再造的根本課題。

此外，尚在變異之中的病毒及其所引發的嚴重疫情，具體見證了人類生命的脆弱與無助，也同時驗證人類智力與慧識的底線仍有待進一步測定。當然，人人都希望疫情儘快過去，病毒澈底被撲滅，以早日恢復「正常」之生活。不過，疫情彷彿是一特殊的教育歷程，而病毒如敵似友，儼然要與我們長相左右。因此，「後疫情」的人文培成不能有任何鬆懈，「後疫情」的倫理教養也不能出現任何的斷裂，而「後疫情」的生命療癒，更不容因人類的「自作孽」而功虧一簣。

看來，歷經疫情淘洗與病毒淬礪的人類心靈，往後理當更爲堅韌、豐厚，也更爲深沉。而後疫情的人文培成在吾人自覺自省之下，理當有「置之死地而後生」的決志與奮興，在吾人兼具自然之存有者與人文之存有者雙重身分的境況下，應如同老子所言：「不自見故明，不自是故彰，不自伐故有功，不自矜故長。夫唯不爭，故天下莫能與之爭。」（《老子・第二十二章》）無論是在疫情期間勇於當責，負重前行，或是在疫情消退後的重建與重生，都當以謙卑退讓而寬厚包容的態度來待人接物。

本來，人文之發展乃以人我之間的來往與溝通爲中軸，而疫情暫時阻絕了人我直接之交遇，其傷害已然歷歷在目。不過，致力建構足以信息相通、情意交流的各種型態的「共同體」，仍然是全人類共同的志業。當然，老子所謂的「小國寡民」已然過去，但「老死不相往來」卻有了新義；而疫情肆虐顯然降低了全球化所帶來的人我之間來往的頻繁度與複雜性，同時減少了吾人自身無盡之需求與欲求，甚至轉變了我們生活的意向與路向，如今，我們已然不能不重新爲自己的生命做自我之定位與自我之安頓（此即所謂的「安身」、「知命」與「立命」），而安然自在於一己之力所能開發的有限的場域裡，如郭象之注〈逍遙遊〉：「夫小大雖殊，而放於自得之場，則物任其性，事稱其能，各當其分，逍遙一也，豈容勝負於其間哉！」如此，人人各安其位，各守其分，各盡其職，各展其所能，各行其所是，而各足其所足，這不就是實現「個人卓越，群體滿全」之理想的療癒、救治與復原之道？而由此打開眼界，擴大襟懷，鼓起勇氣，終抬高腳跟向前，則已然不僅止於診疾與治病的消極策略，而是群策群力地展延人文之培成、積蘊、釀造，而終斐然有成；如此之鍛鍊，恰似庖丁「道進乎技」的生命眞實之工夫，爲的是不斷地廓清來自周遭的種種羈絆與牽扯，不停歇地破解作繭自縛所造成的窒礙與壓力，而向上轉入於「後疫情」與「後療癒」的新時代、新天地。

第八章

現代篇

現代之爲現代，乃自有其規範性的意義。在道家哲學已然遭逢現代人文學術的多方衝擊之際，當代的道家思想研究者莫不嚴肅以待，首先，他們悠然端坐於老子與莊子早就安頓好的生命住所，並從傳統的所謂「格義」之學出發，一路朝向跨領域的道家哲學的底蘊，揮灑他們的才情與心智，終於在現代的人文背景之中，突顯出當代道家的「現代性」的色調。尤其在大度寬容古今東西人文思潮的臺灣，對道家哲學（尤其是莊子哲學）超過半世紀的接納、反思、考察與研究，已然果實纍纍，相當值得關注，特別是其中的跨領域思考，既是動機，更是方法；既是手段，也同時是目的。就在這些研究者整合了學術方法及其研究目的之後，當代的道家哲學不僅富有生氣淋漓的現代性，也因此有了足以邁向人文新願景的未來性。

道家哲學研究在臺灣的回顧與前瞻：以莊子哲學研究爲例

道家在中國人文傳統三大思想主脈（儒、釋、道）之中，顯然具有其無可替代的特殊性與重要性，太史公所以將其列入「六家」，更可見時代環境與人文思潮之間，乃自有無可離卸的意理連結。因此，當代道家之研究，首先須對先秦道家的原典《老子》、《莊子》，進行文本的詮釋與概念的解析，以揭顯其中深廣之意涵。接著，再對魏晉道家後續的發展與轉化，進行脈絡意義的分疏，以發現其與先秦道家之異同。由此看來，對當代重要的道家詮釋，予以適度之關注與理解，以確定道家哲學在當代人文思潮中的地位，以及其可能演生之意義，將不啻是後繼的道家研究者責無旁貸的工作，而此一學術工作至少涉及以下五個論域：一、道家的源流與先秦各家的思想關聯。二、老、莊文本及其內蘊思想意理之異同。三、魏晉新道家的出現與發展。四、道家哲學的人文意涵。五、道家思想的現代意義與當代道家研究的重要成果。

基本上，吾人顯然必須側重問題意識、觀念解析、理論系統與經典詮釋等面向，以便在開放的思想論域中獲得豐碩的學術成果，以展開兼具詮釋性與批判性的思想歷程。

由此看來，若吾人試圖將兼具歷時性與共在性的各個時代、各個社會、各個人文場域的道家，視爲一動態的思想歷程，便不能不考察各種類型的道家之所以各自生發其自醒自覺的哲學觀點，原來都不外乎原始道家內蘊之思想特質與思維趨向。因此，作爲一富自醒自覺的研究者，也就必須在探入道家的哲學文本的同時，眞正地關切與道家思想足以相互呼應的特定的時空環境與人文生態，而著意於自身所處的人我相伴且共存共在的群聚效應——當代道家思想之境遇顯然有跡可尋，而傳統道家思想竟似一道道活水般，在當代心靈與當代文化交響共鳴之際悄悄現身，而不斷地消化、轉化、融化，甚至內化其不能不隨時隨處做出回應的在地性、現實性，以及特定的社會性與人文性。

一、中國哲學研究的人文性與在地性

自二十世紀下半葉以降，迄今七十年左右的時間，有著悠久漫長歷史與曲折發展歷程的中國哲學與西洋哲學在臺灣的相遇、來往、折衝、融通，以及彼此交互之影響、轉化與再造，已經出現了多元、多變、多面向的思想遞傳之活動與哲學再造之現象。特別在中國哲學的諸多論域裡，其中已然出現的思想新生機，以及由此而推擴開來的理論重鑄與脈絡再生的實驗與實踐，更是值得相關人文學界眞誠之關注與細密之查探。

顯然，中國哲學研究在臺灣，乃是跨領域、跨學科、跨知識之分際，而因此有了源自於不同的學術訓練與思考方法的智性產出，於是相關的人才輩出，成績斐然，而且果實纍纍，異彩繽紛，某些具有一定重要性與影響力的論著也從師承的關係脈絡裡，一逕地向外延展，而出現了可喜可賀的學術對話與觀念交談。當然，對相關論題與議題（如形上學論題、工夫論命題與身體觀議題等）的全面性之關注，以及深入的探索與勘驗，更是相當可觀且可敬的學術作爲。

一般看來，中國哲學的傳統文本，以及其中之意理蘊藏，似乎不若西洋哲學之條理脈絡班班可考，有跡可尋，甚至在思維聚焦與意義鍛鍊的過程中，中國哲學的分流與演派，也不比西洋哲學之壁壘分明，形勢朗現。不過，就具横遍性與縱貫性的哲學史考察，以及專注於文本詮釋的研究取向看來，七十多年來在臺灣的中國哲學研究，始終存在著值得一再推敲、一再研磨的洞識與異議，而在諸多看似難以會通的哲學立場，以及所延展開來的哲學視野，其實已然眞實地呈現在接踵而來的研究者面前——其間，甚至已然出現在西洋哲學研究成果裡少見的意義與律則的差異性、對立性、複雜性與弔詭性，而這些特殊的思維屬性，對當代中國哲學在此時此地的發展，顯然利弊互見。

由此看來，七十多年來在臺灣的中國哲學研究社群的分化、融化、轉化，以及一些可能肇致彼此之間難以持平看待、對等往來的歧見，顯然所在多有，而特定學者之間的各自堅持，以至於少有相應相許的商量情事，也似乎不必多所諱言。不過，晚近之學術態勢，卻已然有了讓我們不必再因過往而感到悔憾，而大可歡喜看向未來的新氣象、新契機與新願景。

顯然，中國哲學研究在臺灣，由於學術開放之格局早已大開，思想自由之氣息也早就瀰漫於人文學界。因此，不論是嚴格的思維運作、明白的觀念衍化，以及理論系脈的解構與重組，在在透顯出中國哲學在當代「實際有」甚至「理當有」的新面貌、新風格。而前行學者在典籍的搜羅與資料的整理，以及對相關文獻的查考、探勘與斟定，所做出的貢獻，其成績已然不可磨滅，且值得後續者投注不間歇的回顧與關切。

然而，就哲學思考的方法運用、哲學理論的典範重構，以及哲學系統的析解與整合看來，中國哲學在當代人文境遇裡的再生與續命，似乎仍得借西洋哲學以及人文之學的他山之石，以展開多頭、多面、多方向的實際而有效的理性踏勘，來澈底清理傳統的思想積澱，而爲可能又可行的新觀念新思潮，鋪設好穩固堅實的路徑。值得慶幸的是，七十多年來的臺灣，一方面有了來自對岸的學術幹才的鼎力支撐，另一方面則有後來在地培成的生力軍踴躍參與，於是培木成林，養兵成將，如今，眞可謂園囿蔚然，綠意漸深；縱然在人文蕭瑟之際，若說中國哲學在臺灣已然可大可久，並且已將萌生自古老東方文化壤土的思考觸角與概念觸媒，探向難以測知的未來，應不是虛誇之詞。

二、莊子哲學的形上學論題

在此，且以道家哲學研究在臺灣所已出現的榮景中直接或間接涉及莊子哲學的論域與論題爲實例，對當代的莊子哲學研究，展開簡略而切要的考察，一方面將莊子獨特的哲學慧識對比於西方特定的哲學論說，甚至以某一種西方哲學概念或論述模式作爲參照系統；另一方面，則在堅持中國文化的特殊性與中國哲學的主體性之立場上，對莊子哲學的相關文獻，進行文本詮釋與脈絡重構，以便爲莊子哲學研究的未來，開拓出意理的活路，甚至進而爲此地的文化理想與社群發展的價值實踐之路，預備必需的墊腳之石——莊子的「道」思維所蘊含的豐富形上意理，以及由此所衍生出的形上論題，便是吾人關注莊子哲學研究在此地的實踐歷程，首先必須面對的核心課題，而這也是七十多年來莊子哲學研究在此地所獲致的重要成果，値得吾人細細咀嚼，靜靜回顧。例如嚴靈峰與陳鼓應，先後以其自身嚴謹的學術訓練，以及恪守理論畛域的文本詮釋與概念書寫，一方面埋首於注解與考訂的工作，一方面又同時以獨立研究者之姿，展現其廣涉思想史脈絡與文化生成歷程之學人視野，而爲道家研究與道家哲學之建構，鋪築了堅實且厚重的學術基石，並且建立了恰如其分的道家研究的里程碑，更可說是具有時代意義與歷史價值的研究典範。

如此一來，吾人應可歸結當代莊子哲學研究所理當處理的七個重要問題：

（一）文獻疏理的脈絡問題。
（二）解釋典範的建立問題。
（三）概念意涵的顯明問題。
（四）論證系統的展開問題。
（五）價值理想的安頓問題。
（六）社會行動的實踐問題。
（七）精神自我的超越問題。①

此外，在先行者不間歇的學術志業全力回覆上述七個問題的同時，七十多年來廣義的道家研究與相對窄義的莊子哲學探索，似乎也不約而同地企圖回應以下四個面向的課題：

① 葉海煙《道家倫理學：理論與實踐》，頁十六。

（一）如何全面審視各期道家之間或同或異的哲學取向？

（二）如何深入各期道家代表人獨特的思維內容，並予以比較、融通而綜攝之，析釋之？

（三）如何以當代哲學基本之論域，如形上學、認識論、美學與倫理學相關之問題爲聚焦之點，來理解道家哲學可能顯豁的現代性意義與未來性意義？

（四）如何在各種文化論域（特別是政治、藝術與宗教）之中，將道家哲學安置在相應的價值取向與實踐歷程之間，以使道家哲學可以成爲孕育吾人生活意識與生命精神的正向資源？

如今，莊子思想內藏的問題依舊在，而我們的疑問與困惑也依舊不得解。因此，在古今對比與東西對比並行不悖的研究過程中，所衍生出來的問題仍然值得吾人關切：

（一）出土文獻研究的重要性固不待多言，但應如何予以合理而有效的運用，則始終是一項可以與某些哲學思考相互呼應的重要問題。

（二）在傳統語詞與當代的（特別是襲自西方的）哲學概念之間，究竟能否眞正地發生有意義的聯繫？如將老子的「道」與柏拉圖的「理型」（Idea）作對比，又如以海德格（Martin Heidegger）之兼攝存有意義與時間向度的存有哲學（存在主義思維）爲參照系統，來研磨道家哲學的核心概念（如袁保新的老子研究與鍾振宇的道家研究，都已然在對比的情境中邁出了一條新路向），又究竟能否眞正地讓吾人進一步開發出道家思想的內在活力？

（三）傳統道家對中國人文精神之發展已然有所獻替，然而，道家哲學的未來發展，又是否能同樣地對未來人類社會文化與生命存在之處境，提供具理想性與前瞻性的助力？

（四）在理論典範與學術公約不再被無端地破壞的前提下，吾人又能否大方而慷慨地援引異質性的哲學概念，來和道家哲學對應地展開不自限、不自囚、不自困的開放性思考？

既做了以上的回顧與檢討之後，吾人自可理解莊子哲學實乃一大意理系統，由此亦可見莊子哲學的形上論題之所以別有意趣，其主要之理由正可援引牟宗三的觀點爲一具有參照意義的哲學判定：

牟宗三為了呼應其「內容真理」之主體性意涵，他乃始終在「玄之所以為玄」（誠如老子所謂「玄之又玄」）的「眾妙之門」裡，反覆其於無與有之間往返來去的循環之路徑，而「玄」者即由「無」與「有」之間無盡的互動而無間歇地衍生而來。因此，他所謂的「境界」，一方面以「無」為首位為優位，但「由無至有」既是生成與實現之道，此一居形上學意義位階之首的「無」便不是空洞死定之理。對此，牟宗三便以「實現原理」喻「道」之玄妙之義，而因此將此一境界型態的形上學，落實於物物自定自化的「自然」——此一「自然」之義是不僅可以用來對宇宙萬物之客觀性作一真實之描述，也同時可以用來對人文化成之世界作一切實的詮解。②

相對於牟宗三以「無」概念為核心所推演出來的境界觀，而由此建構其「境界型態的形上學」，當代的莊子哲學研究另有一道進路——以西方傳統哲學的「存有論」思考為主軸的形上進路，自是一項跨文化、跨語言、跨不同哲學傳統的嘗試，如羅光與李震（李振英）在士林哲學的背景之下，同時通過西方形上學傳統的思想洗禮，一路前邁，企圖尋找有助於建構「中國哲學的形上學」（包括儒家形上學與道家形上學）的概念資源——其中，大多飽含實在論所廣涉的「存有」意趣，而這未始不是深入任何具有「原始」與「素樸」之意味，甚至蘊含「先在性」、「固有性」與「本根性」的哲學傳統及其本有之理路，所不能輕易地被揚棄的學術用心。

② 前揭書，頁二五九—二六〇。

在此，就以筆者所理解的羅光的「形上學道家」與「道家形上學」的具體面貌，來爲以「道」爲一「從無到有」以成就天地大有、生命實有的存有論以迄形上學的觀點，做一番具體的論證：

或許，如何還道家真實之面目，而具體展現道家形上之風格，並進一步通過「道在天地」、「道家在人間」以及「道家思想乃人文之關懷」等系列之基本命題，以發掘道家的人文性、在世性、開放性與未來世，原本就是羅光詮釋道家，探索道家，同時為道家哲學作清楚明白之定位的初衷。因此，羅光作出「老莊不是泛神論者」的判定，其實是對道家思想的尊重，也同時是他對一神信仰的堅持，而此一尊重與堅持的態度，縱然對學術研究沒有多少直接的助力，但卻已然間接地為羅光的中國哲學研究，帶來理性靜定之作用，而避免對道家所隱然透露的密契性格，做出過度的解讀。同時，也不至於使道之超越性無端地轉為有隔有礙的「超絕性」，而喪失其「生天生地」的作用。③

③ 葉海煙〈羅光哲學的道家詮釋〉，新北，輔仁大學，羅光總主教百歲誕辰紀念學術研討會，二〇一一年，頁四—五。

由此，筆者於是進一步斷言：

對羅光的道家詮釋而言，道的先在性實際上比道的超越性更具優位，也更能契合「無」乃天地之始，「有」為萬物之母的道的雙重性——此一雙重性亦即道之所以為萬物根源的充要理由。當然，道生萬物之「生」是「化生」，而「化生」是否就完全排除「創生」之義，卻仍然值得商榷——或許，以「化生」解「創生」、「生生」（creative creativity）之義，是一方面不會與神造論混淆，一方面也可以不至於淪入科學邏輯所規範的發生學與條件說的論域之中。④

由此看來，重構道家哲學的形上思考的同時，究應如何運用並開發「生命哲學」或「生命形上學」的理論內涵，實爲一項不可輕忽，且不能不謹慎從事的工作。

此外，筆者也同時試著對此一關涉莊子哲學究竟蘊含多少形上理趣的根本問題，做了如下具有綜攝而持平意味的回應：

④ 前揭書，頁五。

莊子的天論並非單單立足於自然之學（包括傳統型態的自然哲學與具現代性的自然科學）之理性，而對吾人生活於其中的世界，進行諸多推「外物」為客體，而同時尊「自我」為主體的二元思維。因此，由西方形上學曾經與神學同轍而合流，而斷言「就是因為宇宙是在時間中被創造出來，因此我們可以發現有一個超乎時間的造物主，那就是上帝」如此型態的超越路向看來，莊子所以會在知識論域中一直盤桓於一定程度的懷疑論，而因此有「若有真宰，而特不得其眹」的感嘆之詞，理由似乎相當明顯。此外，在道論與氣論終究連結成可以無限擴大的意義脈絡的前提之下，莊子乃始終堅持機體論的立場。⑤

看來，秉持理論之形式思考與形上思考，顯然不能不一再回返《莊子》文本所可能揮發出的形上的意境、情境與理境。

因此，方東美所揭櫫莊子哲學的三大原理——方東美稱之爲「超脫解放之道」的三個原理：個體化與價值原理、超越原理、熙化自然原理，正可以用來表述莊子哲學的形

⑤ 葉海煙《道家倫理學：理論與實踐》，頁一〇九—一一〇。

上學論題所寓含的終極意義。⑥而綜觀方東美的莊子哲學研究，他顯然志在建構一特殊的「莊子的形上學」，而因此有了如此簡明而切要的論斷：

> 最後，莊子終於完成其道齊萬物之宏圖，使無生物、有生物、人類、心靈、精神等一是皆齊同於無限，無限者、即天道，瀰貫萬有，無乎不在，於以揭示一大真理，萬般個性澈底一往平等，乃自然浹化所錫至福也。⑦

由此，方東美繼續落下這樣的結語：

> 「道通為一」。此種「道」齊萬物之方式，乃是一椿齊同萬物於精神昇揚之偉大運動，神乎其技，奏演於深不可測之玄境者也。⑧

---

⑥ 方東美《中國哲學精神及其發展》（上冊），臺北，黎明文化事業股份有限公司，二〇〇五年，頁二五九—二六〇。

⑦ 前揭書，頁二六九。

⑧ 前揭書，頁二六九。

由此可見，精神昇揚之運動不可謂不偉大，而齊同萬物的洞察不可謂不高明，方東美如此宣說的生命精神之「境界形上學」，恰恰可以和牟宗三「以無爲用」的主智的「境界型態的形上學」相互對照，異曲同工地宣達莊子形上思想內蘊的深沉與玄妙。

三、莊子哲學的工夫論命題

歷來學界對莊子哲學裡的意理主脈——以道德實踐與倫理修養爲立基點的工夫論，顯然多所關切，也已經有了相當豐富的研究成果。在此，就以沈清松的研究爲例，他曾參酌現象學的「存而不論」，以及意識還原的主體進程，試圖開發莊子哲學源自吾人主體性的意義寶藏，以揭露莊子工夫論（心齋與坐忘）內蘊的曲折徑向：

> 如果要反璞歸真，真誠地面對自己，則必須從身心合一、意義生發的源頭——身體——作為起點。我說的不是機體的身體（corps organique），而是體驗的身體

（corps vécu），後者正是我們人的欲望的存在模態，也是人邁向有意義的生命的原始動力所在。⑨

沈清松乃站上機體主義的立場，爲莊子的身體觀做如下之探索，而剖析其所關注的「身體的運動」：

> 身體的運動，正是身體的親密性和他異性的衝突與緊張的解決途徑。換言之，身體的運動是人最原初的生產意義的存在方式。就在這一層意義下，我們可以了解，身體的運動是人的意義建構的源起，而欲望作為人的意義建構的最原初企畫，最先是沉浸並興起於身體的動力之中，並進而浮現於身體的運動之上。⑩

同時，沈清松又以「庖丁解牛」爲例，揭露莊子由「技」上揚於「道」的工夫進程，來突出身體的運動如何可以出神又入化，而終入於洋溢美感的玄妙奧祕境界：

---

⑨ 沈清松《對比、外推與交談》，臺北，五南圖書出版股份有限公司，二〇〇二年，頁一八六。

⑩ 前揭書，頁一八七。

庖丁解牛的故事，闡述生命的實踐是由「技術」的層面提升到「道」，因而成為藝術。就道家而言，人由於能夠凝神斂慮，「用志不分、乃凝於神」，凝聚自我，跟隨著自然的生命之道，人將能夠完成一個自由而新穎的生命方式，真實地，以宛如藝術的方式，體現一個本真而自由的生命。⑪

如此通過身心相融、道技合一，來突出莊子一心追求的生命自由之理想，原本就是莊子一心嚮往的莊嚴、崇高與卓越。

而此一融身心爲一體的實踐哲學向度，恰恰可以和勞思光揭露道家之基源問題爲「情意我」並關注其所涉及的心理意識與生命具體存在之狀態，做一生動的對比與參照。由此看來，吾人顯然不能不關注莊子哲學在逍遙遊的自由理想，以及齊物論的平等原理雙管齊下的觀念體系與心靈情懷之中，所必須超克的生命之衝動與情意之活動，否則，吾人生命之自由恐將淪爲空談，而工夫之論也就難以貞定於身心之間的關係網絡之中。

因此，爲了解在吾人之情感、情意、情欲與吾人之言行舉止之間，由於斷裂與阻塞之諸多情事，所可能肇致的種種困境，到底會引發多少關聯性的問題，是唯有不斷回應

⑪ 前揭書，頁一九六。

《莊子》文本之意理脈絡，才可能獲致解決之道。如果吾人能在揣想所謂《莊子》一書所企求的「理想認知」（應是所謂「道通爲一」之知，或是「坐忘」之知），而因此對《莊子・內篇》特別觸及的密契經驗有所闡析之際，深一層地闡發其中攸關認知的、倫理的、道德的、形上的，以及終極關懷的不同的意義層級與理論因子，或許可以讓歷來有關莊子之身體觀、自我觀、情感論與工夫論的系列論述，更有可能取得前後互通與本末一貫的條理性與系統性。

至於對情感的不信任，幾乎是歷來道德學家普遍的共識。確實，由於吾人對自身生命內在世界的認知與理解往往不理想也不完備，又如何能在依然不明白吾人認知、情感、行爲之間的關聯性的情況之下，嫻熟那足以回應周遭環境的諸多步驟與行爲階段？顯然是一個仍待吾人誠實以對的生命課題。因此，若吾人能夠順著時間性與因果性的動態歷程，展開更符合生命眞實情境與心靈眞實理境的描繪與敘述，則吾人當可跳出跡近「知識發生之學」或「行爲發生之論」的思考層次，以延展出更具開放性的研究向度；而在面對作爲論述主軸的「主體」、「主體性」之相關問題時，吾人實不能不特別突出莊子已然實踐的「認知轉換內在機制」，以顯豁生命創造力，以回應天道自然的行動策略，並同時探討「『自我』是不是眞的」這已然涉及知識論與倫理學的哲學課題。因此，在《莊子》透露「主體」，又同時寓含「去主體」與「超主體」的意向的前提之下，此一問題的討論，顯然值得更深入更廣闊更全面的思考。

此外，對所謂的「情感的轉換」、「創造性」和「理想認知」等觀念所以和所謂「『主體性』轉換如何展現」的核心論題有著密切聯繫的深層思考，吾人之處理模式仍可以有所調整及轉換，甚至採取更具綜攝性與跨領域意趣的解釋策略，特別是在當代哲學所突出的「身體我」、「情意我」與「認知我」三個意義層次之間，我們究竟該如何設法深入理解《莊子》如何看待「自我」的眞實與否，又究竟該如何深入挖掘「主體」的眞實意蘊，這兩個具決定性意義的莊子模式的基本問題，便不是任何關心莊子哲學研究的未來的學者可以任意輕忽的。至於突出「實踐」之課題對《莊子》內在思想發展的重要性，理由似乎相當具有說服力，然而，在「實踐」一詞之中，又包含多少攸關「體知」、「行爲」、「心靈」、「體驗」、「體悟」等觀念的意義成分？而「認知作爲一種特殊之實踐」的生命功課，以及所推擴而來的生命工夫，其中所蘊含的現實性、眞實性與未來性又如何？也都值得後繼者予以釐清，予以解析，予以多方之探勘與證驗。

眾所周知，以身體觀爲論述之主軸，進而在身心之間尋找莊子思想所源起的神話意涵、譬喻意涵，以及彌漫於道與技之間的工夫論意趣與美學意味，理當是當代莊子研究的重要入路，而其成果也已然有目共睹。在此，就以楊儒賓的論點爲例：

「凝神」與「脱體」（美學的意義則為「遊化」）是莊子身體觀相反相成的兩股作用力，這是「外化而內不化」此一原則的再度體現。這個「內不化」的點看來不像是種理論的預設點，它當有實證的依據。但「內不化」不是定死的一點，它的位置不像是後世丹道人士設想的落於某種修煉身體觀的神祕部位。⑫

楊儒賓接著認定莊子描繪「心齋」與「坐忘」的語言都是「境界語言」：

這些語言都顯示「外化而內不化」是有待證成的境界語言，這個境界語言一方面顯示其時的境界廣漠無涯，一種盈滿極大感的身體感覺經驗；一方面也顯示人的身心內部有一極度束縮性的動能發源地，莊子稱之為「獨」、「宗」，只是它很難以物理空間定位之。⑬

---

⑫ 楊儒賓《儒門內的莊子》，臺北，聯經出版事業公司，二〇一六年，頁三〇七。
⑬ 前揭書，頁三〇七。

顯然，對莊子而言，「體知」才是「眞知」，也唯有回返生命與存有共有之根源，吾人才可能去假還眞，捨末棄末而救本治本。不過，如果我們再細究楊儒賓所謂的「境界語言」，其中又究竟蘊含哪些明明白白而具有條理性與脈絡性的哲學意義，則可能還需花費一番學術的手腳，甚至可能必須從更開闊的人文視角進行考察。

繼踵楊儒賓，賴錫三為擴大其「莊子學」的詮釋範域，而以更多元更具跨域性的視角，來開發道家的意理底蘊，他因此提出所謂「逍遙美學」、「隱喻之道」，以及冥契經驗與跨文化、跨學術藩籬的敘事與論說，他乃如此大氣地將身體觀與生命之經驗，放入廣闊而開放的世界觀所形塑出的意義脈動之間，而如此倡言：

> 人類心靈的流動融合所呈現的心理空間、語言交換，並不只是頭腦的語言遊戲所呈現的心理現象，也是反映出人的在世存有之基本狀態。人作為宇宙萬物中的一物，它的世界處境、社會處境都不是封閉的獨體狀態，而是共在共振的「通」、「達」狀態，所以人的身心必然在遭遇人事物的同時，自然無所逃於相即相入的激盪與發。也就是說，氣化流動的世界必然帶動人們與萬事萬物進行肉身化的遭

> 遇，這一具體的肉身遭遇便是力量的撞擊與融合，由此不得不進入了彼此間的交光互映、天籟共響的歷程。⑭

顯然，這已是融入美感經驗與密契體驗的心領神會，其超出一般的哲學言說與理性敘述，已然無庸置疑。然而，在氣化論、身體觀以及技藝之道所蘊藏的美學元素呼之欲出的當下，我們又能如何好整以暇地共同聆賞天地間美妙的音聲如莊子一般，或許並非我們這些現代人能夠只憑藉文本考察與理論構作，便可以享有的生命紅利。

至於將莊子的工夫全般轉入於身心相應以至於身心一體的操練之中，則以蔡璧名的論點最具有實驗性與實證性之意涵：

> 我們需修正所謂「傳統東方哲學的自我知識」乃是「個人對於自己心靈狀態的知識」的看法。所謂對自己心靈狀態、意識（consciousness）狀態的知識，並不足以說明《莊子》乃至整個傳統東方哲學之「自我知識」的內涵。以庖丁肢解牛體

⑭ 賴錫三《當代新道家：多音複調與視域融合》，頁三三二—三三三。

為例，所涉及的並不只是專注、敏銳的心靈或意識狀態，更非指眼力或視覺的專注而已。⑮

在此一身體觀引領之下，蔡璧名則以實踐者、操練者以及自我療癒者的多重身分，如此坦然訴說眞實的體驗：

「緣督以為經」固然是《莊子》書中的一條身體技術，且是於眾多身體原則中足以貫通動靜、最為重要的一條。但就《莊子》身體技術的探討而言，「緣督以為經」只是個開端。須待更多身體與心靈原則的配合，於日日夜夜的勉力實踐後，方能成為慣習，將所有的身體修鍊與心靈修為工夫皆內化為生命的一部分。⑯

由此看來，身體觀與工夫論終究可以緊密接合，而二者之相輔相成，更透露出吾人生命內在之信息與天地暗藏之消息，而這不啻是莊子工夫論最具核心意義的命題。

⑮蔡璧名《形如莊子、心如莊子、大情學莊子：從生手到專家之路》，臺北，聯經出版事業公司，二〇一八年，頁六十二—六十三。

⑯前揭書，頁二七六。

總的看來，吾人當可將莊子的身體觀與工夫論，全面地納入莊子以其特殊之生命哲學、人文精神與倫理關懷所組構成的意理脈動與生生不息的生活弧度之內，而經由此一連結形上與形下，連結身體與心靈，並且由身體技藝到精神美感之活動，展開上天下地、周天遍地的自我返轉以及身心一體的整全的修為與療癒，以體現人文豐厚無比之內容與倫理道德眞實不虛的意涵。由此看來，吾人應大有機會在天地生生不息的變易歷程中，眞正掌控莊子超然物外的生命大自由，同時在吾人自身反覆其道的律動中，實現生命無可限量的潛能。

四、莊子哲學的倫理學議題

當代道家研究已然展開兼具多樣性與開放性的路向，然而，在以問題意識為前導的理論思考之中，卻依然蘊含著值得深入探究的學術課題，其間乃出現所謂的「基源問題」作為兼具概念性意涵與方法論意涵的議題，而由此一詮釋策略展開，特別針對「自我」與「世界」（他者）的關聯性，以及道家哲學究竟能如何理論化與系統化等問題，進行全面的探討，以釐清道家經典詮釋史中的諸多爭論——其中，郭象注莊所引發的是是非非，以及當代學者透過西方哲學的津梁，所過渡而來的新視角與新發現，又到底具有多少的合理性（甚至是「合法性」），自是本文主要之關切。

總之，面對過去，接納傳統，吾人顯然不能不欣然面對道家悠久綿長的歷史傳統、思想傳統，以及其經典化、世俗化之歷程，而付諸以細密的思維與平和的襟懷。因此，吾人實必須持續進行嚴格而縝密的考據訂正之工作。身處當代之世，並一再反覆於知識開創與文明再造之際，吾人則又不能不在理論與實踐交參之際泰然自處，以包容異端異見，而在溝通行動展開的同時，一起進行相互之理解與合作。如此一來，吾人當大有機會攜手同步於學術動態之歷程，而在異中求同、同中求異的大格局中，悠悠然地化繁爲簡，轉念成智，而從「道」、「氣」、「心」、「理」等核心概念出發，一逕投向吾人不能須臾或離的生活世界——顯然，哲學思考永遠是個未完成式，而道家人物則自始就在道中（on-the-wayness），坦然展露其人文性與超越性相映成趣的宏觀、深觀與遠觀，並因此全心致力於「道」意涵的多元化、普遍化、豐富化、眞實化與超越化，以使吾人之心靈、生命與生活世界在多災、多難、多變化的現實困境裡，得以獲致自我「超脫解放」所需之意義支援。由此觀之，道家崇尚自然，而且志在歸根復初的心靈還原與生命培成之道，自始至終不落歧途；而如此之學術志業，其中包含許多觀念的闡發、理論的構作、系統的再造以及應用之道與推擴之功所可能涉及的難題，亟須予以即時的處理，而這當由當代道家研究者義不容辭地一肩挑起，已然不容絲毫的遲疑，也不許任何形式的卸責。

總結而言，在莊子哲學研究直接或間接涉及的相關論域與論題日趨多元的過程中，莊子哲學研究是一方面全向度地與西方哲學展開相互對比，因此相關的研究乃往往以某一種西方哲學之概念或論述之模式爲參照之系統；另一方面，則有不少研究者在堅持文化主體性與思想主體性的基本立場之上，對莊子哲學之傳統文獻，進行文本詮釋與脈絡重構，進而在古今東西「互爲主體」的對等關係裡，爲莊子哲學開拓出一道道的意義活水，而展開足以對應當代倫理與文化理想、社會發展的價值實踐之路，自是一項讓人踴躍向前的學術志業。因此，在現代西方哲學的發展向度中，對照出臺灣的莊子哲學研究者在詮釋學、語言分析，以及諸多涉及實踐哲學與行動哲學的意理解構歷程中，所不能不面對的哲學課題，如以「本體」之義言「道」，以「境界」之義言「德」，以及通過「主觀境界」來顯豁道家倫理學所獨具之特殊意蘊，同時突出莊子以自由與平等爲基礎之原理，所拓展開來的交談倫理與溝通行動，在在是饒富意趣的研究工作，而這甚至已然是足以融身心靈爲一體的生命事業。

五、結語

在由「當代中國哲學研究在臺灣」領銜的學術傳承，以及其間所已然蓄積的學術能量爲前導的背景之下，當代道家研究在臺灣已累積的學術成就，應可歸屬於兼具廣義與深義的人文學範疇，而其所以意圖整合方法之研究、概念之研究、問題之研究，以及意義之研究等四個面向，則旨在探討七十多年來臺灣的中國哲學研究在「人文傳承」的核心脈絡裡面，所已經開發出的人文學課題——其中，包括傳統倫理與現代倫理的相互對比以及可以相互參照的實踐課題、中國文化與臺灣社會在人文場域裡交遇會通所產生的行動課題、傳統思維對應於現代語言所可能引發的傳達、表達與溝通之問題，以及文化批判與社會批判雙刃並用之下中國哲學究能如何對當代臺灣人文社群之精神世界、心靈世界有所啟發的可能性問題。而上述問題的重要性，事實上與相應於臺灣作爲一華人世界到底應何去何從的具引導性（Orientative）的價值之思考、行動之思考，以及實踐之思考，顯然有著十分密切而深沉之關聯性。例如「臺灣新儒學」、「臺灣新道家」以及在「臺灣學」的範域裡的「臺灣主體性」的哲學研究，便是所有在臺灣的中國哲學研究者可以一起來思考，一起來撰作的哲學新篇章。

由此看來，爲了突顯道家研究在臺灣的特殊性，當然有必要在臺灣作爲華人世界重要的學術基地與文化論域的立足點之上，讓此地的道家哲學研究已然開闢出的學術進路，順當地依以下四個方向展拓開來，以便再對道家哲學進行再脈絡化的工作：（一）方法導入。（二）概念切入。（三）問題深入。（四）理論介入。⑰綜言之，由方法運用、概念釐清、問題開發，到相關相應之理論建構，乃一方面是當代中國哲學研究以迄當代莊子哲學研究，正同步且全向度地踏勘而來的思考歷程；另一方面，則是在處理足以相互連結的研究文獻，所應當依循的解構以至於重構之軌轍——其間，所解構的是文本的眞實意義，所重構的是此一哲學研究如何能從傳統氛圍邁向現代學術之路的實際的可能性突圍而出，此外，其所論述的主題又如何能夠在回歸人文之際，得以同時妥善處理那足以回應此一生活世界諸多挑戰的意義豁顯的相關課題，在在值得我們付諸腦力與心力。

總而言之，問題意識的醒覺與對比思考的運作，二者理當並行不悖，實爲吾人既措身於古今之間與東西之間，從而試圖將古老的傳統性文本，銜接上正活躍於此時此刻的現代性觀念，所不能或缺的學術配備。如今，寬廣義的道家研究與嚴格義的莊子哲學研

⑰葉海煙《道家倫理學：理論與實踐》，頁二三一。

究已然面面俱到，且處處有珠璣，時時現異彩；而若吾人因此順著時代的腳步與歷史的階程，步步邁向未來，則回顧過往，前瞻未來，顯然會是一段段穩健而豐富的行旅。

由此看來，吾人以形上學命題、工夫論命題（包含身體鍛鍊、人格修爲與審美能力的培成）以及與倫理學相關的種種議題，三者前後貫穿而終合爲一通貫的主軸，以試圖全面展露莊子思想所蘊含的深度、廣度與厚度，便理當是一項深切體會「前有古人，後有來者」的時代感、歷史感與未來感兼而有之的哲學志業。

國家圖書館出版品預行編目資料

跨領域的道家哲學／葉海煙著. 一一初版.
一一臺北市：五南圖書出版股份有限公司,
2022.10
面； 公分
ISBN 978-626-343-177-5（平裝）

1.CST: 道家 2.CST: 老莊哲學

121.3 111012451

1B2T

跨領域的道家哲學

作　　者：葉海煙
發 行 人：楊榮川
總 經 理：楊士清
總 編 輯：楊秀麗
主　　編：蔡宗沂
特約編輯：陳京樺
封面設計：王麗娟
出 版 者：五南圖書出版股份有限公司
地　　址：106臺北市大安區和平東路二段339號4樓
電　　話：(02)2705-5066
傳　　真：(02)2706-6100
網　　址：https://www.wunan.com.tw
電子郵件：wunan@wunan.com.tw
劃撥帳號：01068953
戶　　名：五南圖書出版股份有限公司

法律顧問：林勝安律師事務所　林勝安律師

出版日期：2022年10月初版一刷
定　　價：新臺幣400元

五南
WU-NAN
全新官方臉書
五南讀書趣
WUNAN
Books
since1966
Facebook 按讚
1 秒變文青
★ 專業實用有趣
★ 搶先書籍開箱
★ 獨家優惠好康
不定期舉辦抽獎
贈書活動喔！！！
五南讀書趣 Wunan Books